ARKANA

W0179878

MICHAEL ROSCHER

Die Schütze
Persönlichkeit

Charakter, Schicksal und Chancen.
Mit Mondpositionen
und Aszendentenbestimmung

ARKANA

GOLDMANN

Umwelthinweis:
Alle bedruckten Materialien dieses Taschenbuches
sind chlorfrei und umweltschonend.

Originalausgabe Januar 1999
© 1999 Wilhelm Goldmann Verlag, München
in der Verlagsgruppe Random House GmbH
Umschlaggestaltung: Design Team München
Umschlagabbildung: AKG, Berlin
Verlagsnummer 21512
Realisation und Gesamtbetreuung:
Christine Proske, Ariadne Buchkonzeption, München
Redaktion: Ralf Lay
Grafik: D.T.P. Factory, Susanne Bertenbreiter, München
Herstellung: H+G Lidl, München
Satz: Fotosatz Völkl, Puchheim
Druck: Elsnerdruck, Berlin
Made in Germany
ISBN 3-442-21512-9
www.goldmann-verlag.de
2. Auflage

Inhalt

Vorwort 7
Einleitung: Wie die Gestirne unser
Schicksal beeinflussen 9
Die Tierkreiszeichen und das Horoskop . 15
Bekannte Schütze-Persönlichkeiten . 24
Der Schütze – Daten und Symbole 25
»Typisch Schütze« – Stärken und
Schwächen der Schütze-Persönlichkeit 31
Der Weg ist das Ziel 33
Tue Gutes und rede darüber 36
Das Schütze-Kind 41
Die Schütze-Frau 45
Der Schütze-Mann 48
Die Bedeutung des Geburtstages 53
Welcher Mond-Typ ist der Schütze? . . . 73
Was kommt auf den Schützen zu? 113
Welcher Tag wofür geeignet ist 113
*Was den Schützen im Lauf des Jahres
erwartet* 118
*Die persönlichen Glücks- und
Unglückszahlen* 122
Der Schütze und sein Umfeld 125
Der Schütze und die anderen 125
*Wie kann's der Schütze mit den
übrigen Tierkreiszeichen?* 127
*Was sonst noch zum Schützen
paßt* 151
Ein typisches Schütze-Märchen:
Etwas Wundervolles 155

ANHANG

*Von wann bis wann ist man
ein Schütze?* 165
Die Bestimmung des Mondzeichens .. 168
Sommerzeiten 170
*Wie Sie mehr über Ihr Horoskop
erfahren können* 185
*Die Deutung und Bedeutung des
Aszendenten* 187
Die Bestimmung des Aszendenten ... 189
Literatur 191
Bildnachweis 192

Vorwort

Bücher zu den »Stern«- oder Tierkreiszeichen gibt es scheinbar wie Sand am Meer. Welchen Sinn macht es da, erneut darüber zu schreiben; ist nicht alles schon Dutzende Male geschrieben worden, was es zu diesem Thema mitzuteilen gibt? Ich glaube, nicht. Denn wer sich ein wenig näher mit dem Thema Astrologie beschäftigt hat, kann zwei sehr unterschiedliche Bereiche ausmachen: Astrologie als Unterhaltung und Zeitvertreib, wie wir sie zum Beispiel auf Zuckerstückchenpapier und auf der Horoskopseite nahezu jeder Illustrierten finden, und die ernsthafte Astrologie, deren Studium viele Jahre beansprucht. Auch wenn die Astrologie einmal die Königin der Wissenschaften war, die an jeder renommierten Universität gelehrt wurde, so wird sie doch heute von den meisten mit der Unterhaltungsastrologie verwechselt; und nur die wenigsten wissen, wie umfangreich, komplex und faszinierend die »richtige« Astrologie ist.

Diese Buchreihe versucht einen dritten Weg zu gehen, indem die ernsthafte und die Unterhaltungsastrologie zusammengeführt werden. Das, was sich mit den Methoden anspruchsvoller Astrologie über die Tierkreiszeichen sagen läßt, habe ich in diesen Bändchen darzustellen versucht. Gerade weil auch die Mondzeichen und die Bedeutungen der Geburtstage mit einbezogen wurden, konnten Aussagen gemacht werden, die sicherlich um einiges genauer und zutreffender sind, als dies in einem »normalen« Buch über Tierkreiszeichen möglich wäre. Gleichzeitig sollte jedoch auch der unterhaltende Aspekt nicht zu kurz kommen, schließlich lähmt kaum etwas mehr das Interesse und die Neugier als trockener Lesestoff. Das Ziel war eine Lektüre, die seriöses astrologisches Wissen über uns selbst, über unsere Stärken und Schwächen vermittelt. Das Lesen sollte Spaß machen, und die Aussagen sollten so treffend sein, wie es in diesem Rahmen eben möglich ist. Wer auf den Geschmack kommt und noch mehr über sich und sein Horoskop erfahren möchte, findet zu diesem Thema Tips und Hinweise am Ende des Buches.

Ich möchte mich an dieser Stelle bei meiner Lebensgefährtin, der Astrologin und Buchautorin Brigitte Hamann, bedanken, die einen wesentlichen Anteil am Zustandekommen dieser Reihe hatte. Die meisten Illustrationen und Zitate stammen von ihr, sie hat die Märchen ausgewählt, bearbeitet und kommentiert, und einige Abschnitte entstammen – in leicht überarbeiteter Form – ihrem Buch *Die zwölf Archetypen*.

Michael Roscher,
im Herbst 1998

Kontaktadresse des Autors:

Michael Roscher
Schule für Transpersonale Astrologie ®
Postfach 31 02 01
D-90202 Nürnberg

Einleitung:
Wie die Gestirne unser
Schicksal beeinflussen

Die Astrologie ist trotz aller Anfeindungen ein fester Bestandteil unserer Kultur, unseres Fühlens und Denkens geblieben. Das Interesse an diesem seit Jahrtausenden genährten Wissensschatz nimmt sogar immer mehr zu. Es hofft zum Beispiel jeder, »unter einem guten Stern geboren zu sein«, unabhängig davon, ob wir an Astrologie glauben oder nicht. Und so wird das Geburtsdatum eines Menschen nach wie vor mit dem Sternsymbol ✳ dargestellt.

Die sieben Wochentage und ihre Namen werden von den sieben »klassischen« Planeten unseres Sonnensystems abgeleitet: der Sonntag von der Sonne, der Montag vom Mond, der *Wochentage* Dienstag vom germanischen Kriegsgott Tiu (Týr), der dem Mars entspricht. Der Mittwoch heißt im Französischen *Mercredi*, also »Merkurtag«. Der Donnerstag (im Englischen *Thursday*) geht auf den germanischen Gott Thor zurück, der wiederum mit Jupiter vergleichbar ist. Der Freitag leitet sich von der Göttin Freyja ab, der germanischen Entsprechung der Venus. Der Samstag, mit dem die Woche vollendet wird, ist dem Saturn zugeordnet.

Das Wort »Desaster« (Unglück) kommt vom italienischen *disastro,* was »Unstern« bedeutet. Jemand, der einen starken Mars hat, wirkt auf andere martialisch, das heißt »kriegerisch, bedrohlich«; im Englischen nennt man die Kampfkünste *martial arts.* Unsere Stimmun-

---

Die Planetensymbole

Sonne	Mond	Merkur	Venus	Mars
☉	☽	☿	♀	♂

Jupiter	Saturn	Uranus	Neptun	Pluto
♃	♄	⛢	♆	♇

---

gen werden durch den Mond beeinflußt, was sich sprachlich in dem Wort »Laune« (lateinisch *luna* = »Mond«) widerspiegelt. Und wie der Mond sein Aussehen beständig verändert, so wechseln auch unsere Gefühle.

Es ließen sich noch viele Beispiele aufführen, doch soll dies hier genügen, um zu zeigen, wie sehr uns die Astrologie in Fleisch und Blut übergegangen ist, ohne daß uns dies normalerweise bewußt wird.

Charakter-
anlagen
und
Schicksal

Daß sich über die Planetenstände bei der Geburt Charakteranlagen, Schicksal und Chancen ermitteln lassen, ist längst bewiesen, auch wenn die Gegner der Astrologie dies nicht wahrhaben wollen.

Früher meinte man, von den Gestirnen gingen Strahlungen aus, die uns im Augenblick der Geburt lebenslang prägen. Manche Forscher versuchen immer noch, die Stimmigkeit der Astrologie auf diese Weise zu erklären. Der Ansatz ist sicherlich nicht völlig falsch. Allein der Mond verursacht mit seiner Anziehungskraft Ebbe und Flut und hat, wie man inzwischen weiß, auch einen deutlichen Einfluß auf das Wetter. Wenn der Mond die Weltmeere zu bewegen vermag, dann ist es auch einleuchtend, daß er den Menschen beeinflußt, dessen

Der chaldäische Stern

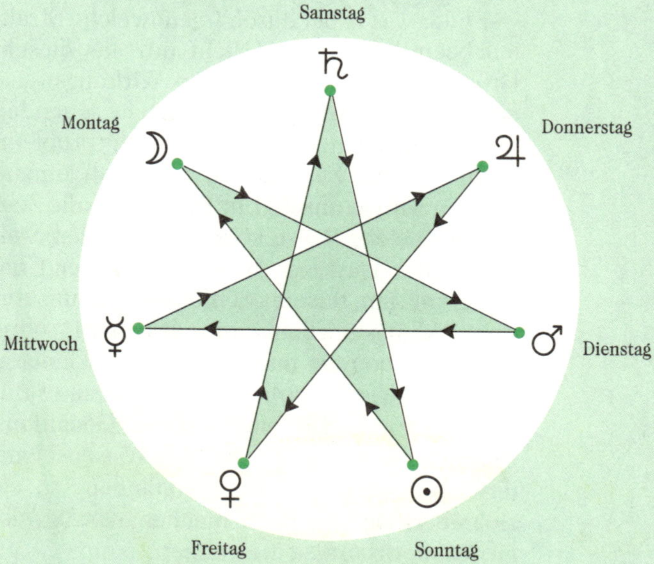

Samstag

Montag

Donnerstag

Mittwoch

Dienstag

Freitag

Sonntag

Die Darstellung der sieben klassischen Planeten als Tagesregenten kreisförmig in einem siebeneckigen Stern wird »chaldäischer Stern« genannt. Beginnt man beim Mond entgegen dem Uhrzeigersinn zu zählen, ergibt sich die Reihenfolge: *Mond, Merkur, Venus, Sonne, Mars, Jupiter, Saturn.* Dies gibt die Umlaufgeschwindigkeit der Himmelskörper um die Erde wieder. Der Mond bewegt sich, von der Erde aus gesehen, am schnellsten, der Saturn am langsamsten. Folgt man hingegen den Pfeilen des Sterns, entsteht die Reihenfolge: *Mond, Mars, Merkur, Jupiter, Venus, Saturn, Sonne,* was unseren Wochentagen entspricht.

Körper ja auch zum größten Teil aus Wasser besteht.

Die Astrologie funktioniert jedoch auch sicher bei der Ermittlung günstiger Daten für

Ermittlung
günstiger
Daten

Firmengründungen, Vertragsunterzeichnungen, Eheschließungen und dergleichen mehr. Hier fragt man sich dann in der Tat verwundert, wer oder was dabei durch irgendwelche Strahlen beeinflußt wird ... Nicht nur aus diesem Grund ist es besser, sich die Wirkungsweise der Astrologie wie die einer genau gehenden Uhr vorzustellen: Wir können an ihr problemlos die richtige Zeit ablesen, ohne daß jemand glauben würde, unsere Uhr beeinflusse die Zeit. Auf die gleiche Weise können wir in den Stellungen der Planeten Analogien unserer Charakteranlagen, unseres Schicksals und unserer Entwicklungsmöglichkeiten erkennen, ohne daran glauben zu müssen, daß die Planeten unser Schicksal *bestimmen* – sie *zeigen* es nur an. Dieser an sich völlig einfache Gedankengang wird selbst von führenden Wissenschaftlern offensichtlich nicht verstanden, so sie sich überhaupt die Mühe machen, der Astrologie Aufmerksamkeit zu widmen.

Ähnlich verhält es sich mit zahlreichen gläubigen Menschen, die fälschlicherweise annehmen, die Astrologie wäre eine »Ersatzreligion«, die uns ein unausweichliches Schicksal predige und an die Stelle des Gottesglaubens den an die Sterne setze. Nichts könnte falscher sein; denn ein vernünftiger Mensch wird die Psychologie nicht verdächtigen, Religion sein zu wollen, und Astrologie ist nichts anderes als das in Jahrtausenden gereifte psychologische Wissen der Menschheit – ein Erkenntnisprozeß, der begann, lange bevor es das Wort »Psychologie« überhaupt gab.

Einer der Grundlehrsätze der Astrologie lautet: »Der Weise beherrscht die Sterne.« Das

Keine
Ersatz-
religion

heißt, die Astrologie strebt nicht an, dem Menschen ein angeblich unausweichliches Schicksal aufzudrängen, sondern sie will und kann echte Lebenshilfe sein, indem sie uns lehrt, uns selbst und unsere Mitmenschen besser zu verstehen.

Echte Lebenshilfe

Wenn wir beginnen, unser eigenes Wesen besser zu begreifen, werden natürlich auch Schwächen und der eine oder andere weniger erfreuliche Wesenszug sichtbar. Dies ist jedoch kein Grund, sich zu ärgern oder gar zu verzagen, sondern vielmehr die große Chance, das Beste aus unseren Möglichkeiten zu machen, die Schwierigkeiten, die wir mit uns und unseren Mitmenschen haben, zu meistern sowie dadurch zu wachsen.

Die Richtigkeit dieser Annahme wird uns indirekt auch bestätigt, wenn wir uns manche Menschen anschauen, die in ihrem Horoskop die umgekehrten Voraussetzungen aufweisen – sie sind besonders begabt, in ihrem Leben bieten sich außergewöhnliche Möglichkeiten, und sie machen dennoch nichts daraus. ==Das beste Horoskop nützt also wenig, wenn wir nicht unsere Fähigkeiten erkennen und uns um ihre Entwicklung bemühen:== Die Welt ist voll von begnadeten musikalischen Talenten, die niemals die Ausdauer aufbrachten, ein Instrument richtig spielen zu lernen. Ein Künstler mit eher mäßiger Begabung und dem Willen, seine Möglichkeiten voll auszuschöpfen, kann dagegen bereits Außergewöhnliches erreichen, und der Erfolg ist schier unaufhaltbar, wenn die konsequente Entwicklung unserer Fähigkeiten mit einer besonderen Begabung zusammentreffen.

POTEN-TIALE SOLLTEN AUSGE-SCHÖPFT WERDEN

Wille zur Entwick-lung

Dieses Buch möchte Sie dabei unterstützen, sich selbst und Ihre Mitmenschen besser zu verstehen. Wenn wir Verständnis füreinander in Handeln umsetzen, ist es nahezu unvermeidlich, daß wir erfolgreicher und effektiver werden, vor allem aber, daß wir ein zufriedeneres und erfüllteres Leben führen.

Die Tierkreiszeichen und das Horoskop

In der Umgangssprache hat sich der Begriff
»Sternzeichen« eingebürgert, wenn eigentlich
von Tierkreiszeichen die Rede ist. Es gibt die
Sternbilder am Himmel und die Tierkreiszeichen; irgendwann einmal entstand der etwas
unglückliche Begriff von den »Sternzeichen«.

»Sternzeichen«

Die Sternbilder, die sich auf der Sonnenbahn befinden und den gleichen Namen wie
die Tierkreiszeichen tragen, haben mit letzteren jedoch überhaupt nichts zu tun. Ihre Position verändert sich jedes Jahr ein wenig, und
so kommt es, daß die Sonne am 21. März (oder
einem beliebigen anderen Datum) an einer
völlig anderen Stelle aufgeht, als dies etwa vor
2000 Jahren der Fall war.

Diese Namensgleichheit hatte unglückliche
Folgen, werden Sternbilder und Tierkreiszeichen doch heute noch von vielen miteinander
verwechselt oder gar gleichgesetzt. Das führt
sogar so weit, daß vor allem Astronomen, die
gern gegen die Astrologie wettern, behaupten,
die Astrologen würden ihre Horoskope falsch
berechnen. Diese ständige Verwechslung zeigt
unter anderem, wie wenig sich die Gegner der
Astrologie mit dem Thema überhaupt beschäftigt haben.

Die meisten Menschen wissen, ob sie ein Stier,
ein Krebs oder ein Fisch sind, jeder kennt sein
»Sternzeichen«. Wie diese Zuordnung zustande kommt, wissen dagegen nur wenige; dabei
ist es einfach, die Grundlagen der Astrologie

zu verstehen: Die Erde beschreibt im Laufe eines Jahres einen (näherungsweisen) Kreis um die Sonne. Von der Erde aus gesehen, ist diese auch »Ekliptik« genannte Umlaufbahn jedoch der Weg, den die Sonne innerhalb des Jahres scheinbar am Himmel zurücklegt; das heißt, die Sonne steht nach zirka 365 Tagen wieder an dem Himmelspunkt, von dem aus sie »ihre« Wanderung begann. Unterteilt man die Ekliptik in zwölf gleich große Abschnitte, ergibt sich die Aufgliederung des Tierkreises (Zodiakus) in zwölf Zeichen. Unser »Sternzeichen« ist nun nichts anderes als das Tierkreiszeichen, in dem die Sonne zum Zeitpunkt unserer Geburt stand. Wer beispielsweise ein Löwe ist, bei dem befand sich die Sonne im Zeichen des Löwen (120 bis 150 Grad im Tierkreis), als er zur Welt kam. Allerdings beginnt das astrologische Jahr nicht am 1. Januar, sondern am 21. März, exakt am Frühlingsanfang. Das astrologische Jahr ist übrigens mit dem astronomischen identisch.

Stand der Sonne

Astrologisches Jahr

Der Tierkreis beginnt mit dem Zeichen Widder, deshalb ist jeder, der zwischen dem 20./21. März und dem 19. bis 21. April geboren wurde, Widder. Auf den Widder folgt der Stier, daher dürfen sich alle, die zwischen dem 19. bis

Die Symbole der Tierkreiszeichen

Widder	Stier	Zwillinge	Krebs	Löwe	Jungfrau
♈	♉	♊	♋	♌	♍

Waage	Skorpion	Schütze	Steinbock	Wassermann	Fische
♎	♏	♐	♑	♒	♓

Sternbilder und Tierkreiszeichen

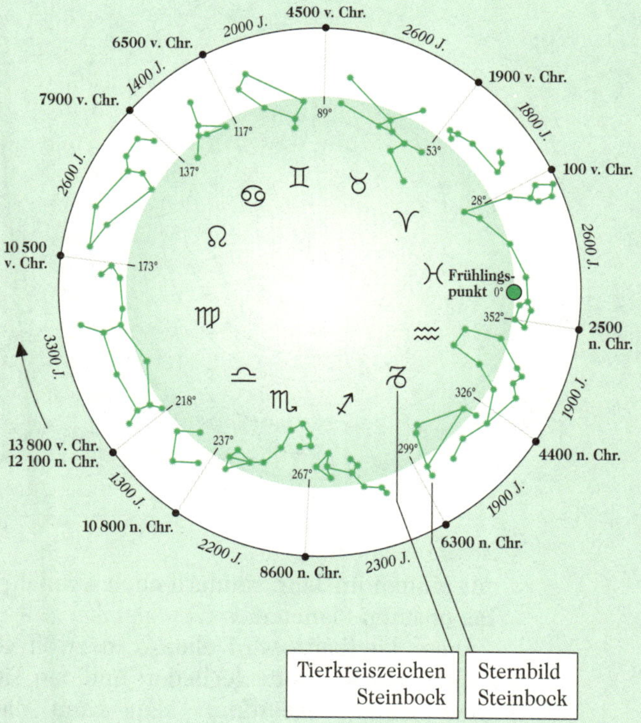

Im Außenkreis sind die *Sternbilder* dargestellt, im Innenkreis die *Tierkreiszeichen.* Außer der Namensgleichheit haben beide nichts miteinander zu tun.

21. April und dem 20. bis 22. Mai geboren wurden, »Stier« nennen – und so fort. Von der Erde aus gesehen, umkreist die Sonne aber nicht

Das geozentrische Weltbild

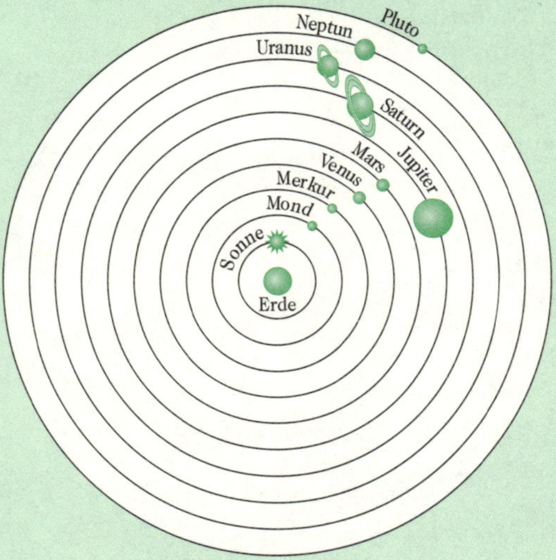

Pluto
Neptun
Uranus
Saturn
Jupiter
Mars
Venus
Merkur
Mond
Sonne
Erde

nur einmal im Jahr, sondern auch einmal pro Tag unseren Planeten.

Diese Laufbahn wird ebenso in zwölf verschiedene Abschnitte gegliedert und den Tierkreiszeichen zugeordnet. Man kann diese Vorgänge mit einer Uhr vergleichen. Die eine Umdrehung entspräche dann dem Minuten-, die andere dem Stundenzeiger.

Horoskop-erstellung Will man nun ein Horoskop erstellen, trägt man zunächst das Sonnen-Symbol an der Stelle im Horoskopformular ein, an der das Tierkreiszeichen steht, unter dem man geboren ist, zum Beispiel Waage (siehe Abbildung »Die Sonne in der Waage«).

Für ein Horoskop werden jedoch noch die übrigen Planeten unseres Sonnensystems gebraucht, zu denen in der Astrologie auch der Mond ☽ gehört (siehe die Abbildung »Beispiel für ein Horoskop mit allen Planeten« auf der nächsten Seite).

Ebenso wie jeder von uns ein Sonnenzeichen hat, besitzt er auch ein Mondzeichen. Dieses ist für die Deutung der Persönlichkeit mindestens genauso wichtig wie das Zeichen

*Mond-
zeichen*

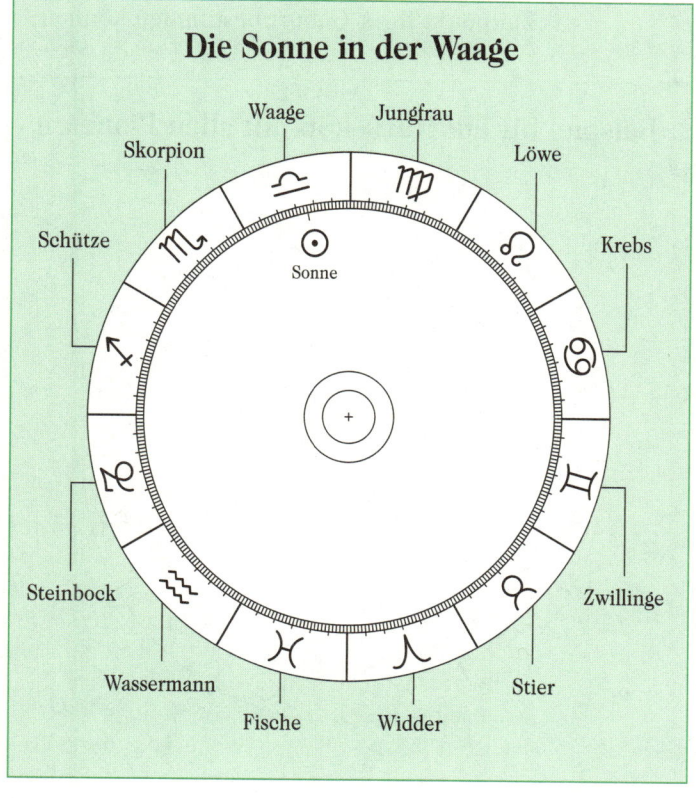

Die Sonne in der Waage

der Sonne. Die Sonnenzeichen sind wahrscheinlich nur deshalb bekannter, weil sie sich ganz leicht über das Geburtsdatum feststellen lassen.

Das ist beim Mond nicht so einfach. Denn hier benötigen wir neben dem Geburtstag *Geburts-* noch die Zuordnung zum Geburtsjahr. Da wir *jahr* für Ihre Charakter- und Schicksalsanalyse jedoch auch das Mondzeichen verwenden wollen, finden Sie im Anhang eine Tabelle, mit der Sie leicht die Zeichenstellung des Mondes zum Zeitpunkt Ihrer Geburt bestimmen können.

Beispiel für ein Horoskop mit allen Planeten

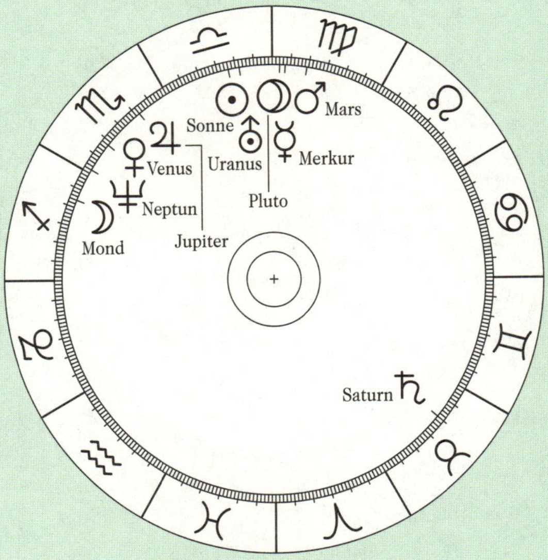

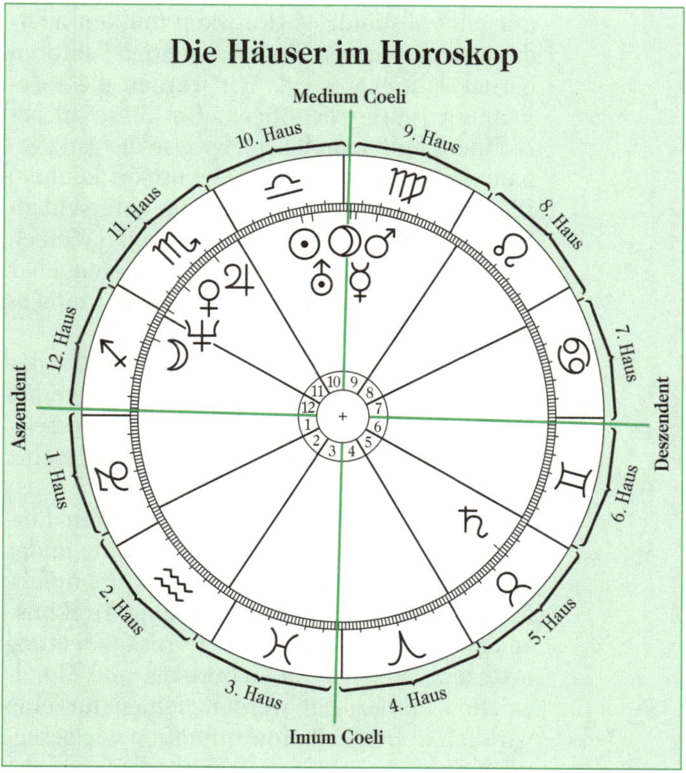

Die Häuser im Horoskop

Eine ausschlaggebende Rolle innerhalb des Horoskops spielt der Aszendent. Dieser wird durch das Tierkreiszeichen bestimmt, das im Augenblick der Geburt über den Osthorizont tritt (lateinisch *ascendere* = »aufsteigen«). Dazu müssen Sie wissen, an welchem Ort und zu welcher Zeit Sie geboren sind. Eine Tabelle und eine genaue Anweisung zur Berechnung Ihres Aszendenten finden Sie im Anhang dieses Buches.

Aszendent

Für ein vollständiges Horoskop müßten allerdings noch mehrere andere wichtige Faktoren
berücksichtigt werden. Wir würden die sogenannten Häuser benötigen. Um diese zu berechnen, muß man beispielsweise die ganz genaue Geburtszeit und den Geburtsort kennen.
Die Verhältnisse, in denen die unterschiedlichen Planeten zueinander stehen (Winkel,
Aspekte), lassen erst präzise Aussagen über
individuelle Charaktereigenschaften und Le-
bensumstände zu.

Diese und andere wichtige Themen der
Astrologie sollen im Rahmen des vorliegenden
Buches, in dem es speziell um ein Tierkreiszeichen geht, jedoch nicht weiter ausgeführt
werden.

Wer sich mit all diesen interessanten Ein-
zelheiten genauer beschäftigen möchte, findet
dazu im Anhang einige Literaturempfeh-
lungen. Ebenso kann ein Buch über Tierkreiszeichen keine persönliche Horoskopdeutung
ersetzen. Selbst wenn Geburtstag und Mond-
Individuelle zeichen einbezogen werden, fehlen für eine
Inter- wirklich individuelle Interpretation wie gesagt
pretation noch zu viele Faktoren. Wer es aber ganz genau wissen möchte und ein exakt auf sich berechnetes und gedeutetes Horoskop wünscht,
kann bei uns hierzu kostenlos und unverbindlich weiteres Informationsmaterial anfordern.
Die Adresse finden Sie ebenfalls am Ende dieses Buches.

Doch lassen Sie uns nun erkunden, was
einen »typischen Schützen« ausmacht. Beginnen wir damit, uns einmal anzuschauen, welch
unterschiedlichen prominenten Menschen dieses Tierkreiszeichen gemeinsam ist.

Die Tierkreiskarte Schütze des Malers Johfra

Bekannte Schütze-Persönlichkeiten

Herbert Achternbusch, Regisseur und
    Schauspieler
Ludwig van Beethoven, Komponist
Bo Yin Ra, Maler und Religionsphilosoph
Heinrich Böll, Schriftsteller
Willy Brandt, Politiker
Sammy Davis jr., Allroundkünstler
Otto Dix, Maler
Gustave Eiffel, Ingenieur und Erfinder
Friedrich Engels, Philosoph und Politiker
Francisco Franco, General und Politiker
Uri Geller, Sensitiver
Hans Genuit, Astrologe und Biorhythmiker
Heinrich Heine, Dichter und Publizist
Werner Heisenberg, Physiker
Jimi Hendrix, Popstar
Curd Jürgens, Schauspieler
Robert Koch, Mediziner und Bakteriologe
Otto Graf Lambsdorff, Politiker
Bette Midler, Schauspielerin
Jim Morrison, Popstar
Edith Piaf, Chansonsängerin
Giacomo Puccini, Komponist
Rainer Maria Rilke, Dichter
Ernst Röhm, Offizier und NS-Politiker
Rudolf Scharping, Politiker
Steven Spielberg, Regisseur
Henri de Toulouse-Lautrec, Maler und
    Grafiker
Mark Twain, Schriftsteller
Kurt Waldheim, Politiker
Charles Watson, Sektierer und Mörder

*Heinrich
Böll*

*Jimi
Hendrix*

Der Schütze –
Daten und Symbole

**21., 22. oder 23. November
bis 21. oder 22. Dezember**

**Qualität: männlich, aktiv, Yang
Element: Feuer
3. bewegliches Zeichen
Herrscher: Jupiter ♃
Nebenherrscher: Neptun ♆**

Der Schütze ist das neunte Tierkreiszeichen. Sein Beginn variiert von Jahr zu Jahr etwas und kann auf den 21., 22. oder 23. November fallen. Jeder, der an einem dieser Tage geboren wurde und nicht weiß, ob er noch Skorpion oder schon Schütze ist, kann dies der Tabelle »Von wann bis wann ist man ein Schütze?« im Anhang entnehmen. Ebenso gibt es Überschneidungen am Ende des Zeitraums. In der Tabelle können Sie auch erkennen, ob Sie noch ein Schütze oder schon Steinbock sind. Im Zweifelsfall muß die Uhrzeit der Geburt bekannt sein. Dies ist am Standesamt des Geburtsortes niedergeschrieben und wird auf schriftliche Anfrage in aller Regel problemlos mitgeteilt.

Unterschiedliche Anfangstage

Das stilisierte Tierkreiszeichensymbol des Schützen stellt einen Pfeil mit Bogensehne dar. Die Bezeichnung »Schütze« weist daher auf einen Bogenschützen hin. Das vollständige Bild zu diesem Symbol ist das der Kentauren, jener Fabel-Mischwesen also, die den Oberkörper eines Menschen und den Unterleib eines Pferdes hatten. Diese kraftstrotzenden und kriegerischen Kreaturen beherrschten oft auch die Kunst des Bogenschießens. Auf die Weise wurden sie zum Ursprung des Namens und des Symbols dieses Tierkreiszeichens. Auf den ersten Blick mag es deshalb erstaunen, daß man das Schütze-Zeichen so oft mit den Begriffen »Toleranz, Philosophie und Religion« in Verbindung bringt. Das scheint so gar nicht zu den triebhaften und kampfeslüsternen Kentauren zu passen.

Der wahre Ursprung findet sich allerdings in Babylonien und nicht in Griechenland. Hier wurde der Kentaur als geflügeltes Wesen dargestellt, das animalische, menschliche und engelhafte oder göttliche Züge in sich vereinte. Diese *Dreifachheit* Dreifachheit finden wir beim Schützen auf allen Ebenen wieder: Er ist das dritte Feuerzeichen, das dritte bewegliche Zeichen und das dritte Zeichen des dritten Mundanquadranten.*

---

* Das Urhoroskop oder Mundanhoroskop wird in vier gleich große Abschnitte aufgeteilt, die sogenannten »Quadranten«. Bei einem Horoskop, das für einen einzelnen Menschen individuell berechnet ist, kann die Größe der Quadranten unterschiedlich sein.

Die Zahl seines Herrschers ist ebenfalls die Drei. In der Religion spielt die Drei eine wichtige Rolle, man denke nur an die Trinität (= die Heilige Dreifaltigkeit). Auch im Volksmund hat sich die Kenntnis von der wohltuenden Drei erhalten, wie die Redensart »Aller guten Dinge sind drei« belegt.

Die Schütze-Zeit ist im Jahresverlauf die Periode der Hoffnung und Verheißung. Sie entspricht in etwa der Adventszeit. Das Leben in der Natur ist weitgehend erloschen. Der Zeitraum, in dem die Nächte immer länger und die Tage dunkler und düsterer werden, nähert sich dem Höhepunkt.

Hoffnung und Verheißung

Demgemäß war dies früher eine Zeit, in der die Menschen auf der einen Seite genügend Muße hatten, um sich auf sich selbst zu besinnen und Ruhe zu finden. Sie setzten sich vermehrt mit geistigen und philosophischen Themen auseinander.

Auf der anderen Seite wurde das Geschehen mit der Vorstellung in Zusammenhang gebracht, daß die Sonne endgültig verschwinden und nie wiederkommen könnte. Dementsprechend zielt der Schütze-Kentaur mit seinem Pfeil in den Himmel: Er sucht symbolisch die irdische Schwere, also die Anbindung an das Körperlich-Vergängliche, zu überwinden. Dies kann zu echter Religiosität, Suche nach Erkenntnis und Einsicht, Wissenschaftlichkeit und Philosophie, aber schlimmstenfalls auch zu einer überspannten Weltsicht führen: Wer immer nur in den Himmel blickt, mag das unmittelbar vor ihm Liegende übersehen.

Überwindung der irdischen Schwere

Das Schütze-Zeichen symbolisiert das Versprechen, daß die Schöpfung mehr ist als ein sinnloses Durcheinander, daß es einen Sinn gibt, der allem Sein zugrunde liegt.

Der Herrscher des Schützen ist Jupiter, der mit Abstand größte Planet in unserem Son- *Jupiter* nensystem. Jupiter hat vier große und eine Anzahl kleinerer Monde. Der größte Mond Jupiters – Ganymed – ist sogar größer als der Planet Merkur. In der traditionellen Astrologie wurde Jupiter als »Fortuna major«, als das Große Glück bezeichnet. Er galt (und gilt vielen nach wie vor) als der Wohltäter unter den Planeten schlechthin.

Viele werden sich noch daran erinnern, wie am 22. Juli 1994 der Komet Shoemaker-Levy von Jupiter in spektakulärer Weise »eingefangen« wurde und auf dessen Oberfläche in über zwanzig Fragmente zerschellte. Das Interesse an Kometen stieg daraufhin sprunghaft an und förderte die diesbezügliche Forschung.

Es dauerte nicht lange, bis sich aus einer Theorie die gesicherte Erkenntnis entwickelte, daß sich durch unser Sonnensystem sehr viel mehr Kometen bewegen, als früher angenommen wurde, und daß ein für die Erde verheerender Zusammenstoß alles andere als unwahrscheinlich ist. Wie sich herausstellte, liegt die Hauptursache dafür, daß unser Planet bis jetzt nicht durch einen Zusammenprall mit einem Kometen zerstört wurde, darin, daß die meisten Haarsterne (ein anderes Wort für »Kometen«) auf ihrem Weg zur Erde von Jupiter »eingefangen« werden. In einem sehr kon- *Schutz* kreten Sinne ist Jupiter also in der Tat ein großes Glück für die Erde und ihre Bewohner. Wie in vielen anderen Fällen auch, bestätigen so neueste wissenschaftliche Erkenntnisse uralte astrologische Theorien, auch wenn die Schulwissenschaft davon nach wie vor nichts hören will.

Dem Schützen entspricht die Tyr-Rune, was sich bereits durch die Ähnlichkeit mit dem Tierkreiszeichen-Symbol aufdrängt. Dies ist um so bemerkenswerter, als die Entstehungsgeschichten von Tyr-Rune und Schütze-Symbol voneinander völlig unabhängig sind. Die Bedeutung dieser Rune läßt sich etwa mit »Kampf um Gerechtigkeit« umschreiben, ein Aspekt, der auch mit dem Schütze-Prinzip korrespondiert.

Jupiter regiert die Zeichen Schütze und Fische

»Typisch Schütze« – Stärken und Schwächen der Schütze-Persönlichkeit

Persönliche Stärken in Stichworten

Aktiv, amüsant, aufgeschlossen, begeisterungsfähig, beweglich, direkt, dynamisch, einfallsreich, einsichtig, geistreich, großzügig, heiter, idealistisch, intuitiv, jovial, kontaktfreudig, lebenslustig, moralisch-ethisch orientiert, nicht nachtragend, offenherzig, phantasievoll, philosophisch, positiv denkend, reiselustig, romantisch, schwungvoll, sozial, ständig auf der Suche nach neuen Zielen und Erfahrungen, einen starken Freiheits- und Unabhängigkeitsdrang aufweisend, auf der Suche nach Weisheit und dem Sinn des Lebens, unterhaltsam, unternehmungslustig, unumwunden, versöhnlich.

Lebenslust

Persönliche Schwächen in Stichworten

Angeberisch, angewiesen auf Weite und Großzügigkeit in allen Dingen, Angst vor Begrenzungen habend, explosiv, flüchtig, großmäulig, einen Hang zum Theatralischen aufweisend, intolerant, ironisch, missionarisch, oberflächlich, rebellisch, schauspielernd (der geborene Schauspieler), schnell gelangweilt, selbstverliebt, sprunghaft, (in der Begeisterung) über das Ziel hinausschießend, übertreibend, unzuverlässig, zu Wutanfällen neigend.

Oberflächlichkeit

Archetyp

Der Archetypus des Schützen ist der des Priesters. Dieser steht in der »Hierarchie« damit noch über der Entsprechung des vorhergehenden Feuerzeichens, des Löwen. Zwar wird der König mit der höchsten irdischen Macht assoziiert, doch muß sich auch diese der Autorität des Kosmos, der überirdischen oder göttlichen Macht beugen. In gewisser Weise versinnbildlicht der Schütze damit die Vollendung der menschlichen Entwicklung. Doch es geht weniger darum, andere zu beherrschen, vielmehr gilt es, die eigenen Möglichkeiten zur Entfaltung zu bringen. Dies ist nur dann möglich, wenn selbstsüchtige Interessen in den Hintergrund treten und das besondere Wissen oder die ungewöhnlichen Fähigkeiten, über die man verfügt, niemals zum Schaden anderer Menschen mißbraucht werden. Diese Fähigkeiten sind selbstverständlich zunächst einmal nur als Anlage vorhanden, die genauso trainiert und erarbeitet werden müssen wie zum Beispiel eine Fremdsprache. Es nutzt ja auch nicht jeder sein Sprachtalent und eignet sich tatsächlich unterschiedliche Sprachen an. Was und wieviel wir aus unseren Möglichkeiten machen,

V · Der HOHEPRIESTER

ist nach wie vor unsere persönliche Entscheidung und steht nicht »in den Sternen«.

Nicht jeder, der in diesem Tierkreiszeichen geboren wurde, ist religiös oder spirituell interessiert. Genausowenig, wie der Skorpion bevorzugt »schlechte« Menschen hervorbringt, sind Schützen in der Regel besonders »gute«. Dies gehört in den Bereich des kleinlichen Aberglaubens, denn das jeweilige Niveau, auf dem wir unsere Konstellationen leben, ist nicht aus dem Horoskop ersichtlich. Schließlich wurden nicht nur »Heilige« unter diesem Zeichen geboren, sondern auch ganz normale Durchschnittsmenschen und sogar manche Verbrecher.

Der Weg ist das Ziel

Fast alle Schützen wachsen jedoch von Kindheit an mit dem Gefühl auf, daß in ihnen besondere Möglichkeiten, Talente und Lebensaufgaben schlummern. Die Alltagswirklichkeit stellt nur die wenigsten von ihnen zufrieden, und die meisten sind von dem Gefühl durchdrungen, daß irgend etwas Besonderes auf sie wartet, das es nur zu suchen und zu entdecken gilt. Oft stimmt das in ganz wörtlichem und handgreiflichem Sinne, denn die meisten Schützen reisen gern. Damit ist nicht unbedingt die Reise nach Mallorca gemeint, wo man zwei oder drei Wochen am Strand brät, um daheim mit seiner sonnenverbrannten Haut den Arbeitskollegen zu beweisen, daß man tatsächlich im Urlaub war. Nein, ich meine hier eher die Fern- und Bildungsreisen. Die meisten Schützen lieben es,

Besondere Talente

sich mit fremden Völkern und Kulturen zu beschäftigen, sie sind von allem angetan, was ihren Horizont erweitern und ihr Wissen mehren kann. Wie der Kentaur seinen Pfeil auf ein fernes Ziel abschießt und den Weg dorthin anschließend zu Fuß abläuft, um seinen Pfeil wieder einsammeln zu können, so sucht sich der Schütze weit- und hoch-

Ziele gesteckte Ziele, für die er seine gesamte Energie einsetzen muß, um sie zu erreichen. Dabei ist natürlich in Wahrheit der Weg das Ziel. Schließlich liebt er auch das Reisen mehr als das Ankommen.

In gewisser Weise sind die Schützen also ein Leben lang auf der Suche, und die zufriedensten und ausgeglichensten sind sicherlich diejenigen, die verstanden haben, daß das Suchen für sie wesentlich wichtiger ist als das Finden. Je früher ein Schütze zu dieser Einsicht kommt, um so besser, andernfalls macht er sich und anderen oft unabsichtlich und unnötig das Leben schwer. Das mag bereits im Beruf zu Problemen führen, wenn Angehörige dieses Tierkreiszeichens mit sich und ihrer Position stets unzufrieden sind, alle möglichen Zusatzausbildungen beginnen und wieder verwerfen. Aber auch in der Partnerschaft werden sie nicht so recht ihres Lebens froh, wenn sie sich beständig nach einem Ideal sehnen, das sie gar nicht so genau benennen können, und lediglich wissen, daß ihr Partner es nicht erfüllt. Wer immer mehr will, als er bekommen kann, wird meist ein chronisch unzufriedener Griesgram.

> »Derjenige, der ein Warum zum Leben hat, kann fast jedes Wie ertragen.«
>
> (FRIEDRICH NIETZSCHE)

Schützen sind immer großzügig und ver- *Verständnis*
ständnisvoll, gelegentlich betrifft das allerdings nur ihre eigenen Schwächen oder das
Geld anderer Leute. Schützen gelten als die
Glückskinder im Tierkreis, und selbst wenn
man solche Verallgemeinerungen meiden sollte, so ist in diesem Fall doch oft etwas dran.
Viele von ihnen besitzen einfach die erstaunliche Fähigkeit, zur richtigen Zeit am richtigen Ort zu sein, so daß sie auch ausreichend
Gelegenheit haben, die richtigen Leute kennenzulernen. Manche Schützen sind regelrechte »Prominentensammler« und fast mit
jedem persönlich bekannt, der in den Bereichen, die sie interessieren, Rang und Namen
hat.

Dieses Tierkreiszeichen besitzt mehr als
viele andere die Fähigkeit, Kontakte zu knüp- *Kontakt-*
fen. Schützen reden und diskutieren gern. *freudigkeit*
Dabei sind sie oft ganz erstaunlich gewandte
Gesprächspartner, die sich auf die unterschiedlichsten Persönlichkeiten, Themen und
kulturelle Hintergründe einstellen können.
Vor dem Hintergrund ihrer meist großen Allgemeinbildung ist dies einerseits nicht weiter
verwunderlich, auf der anderen Seite wurde
nur den wenigsten von ihnen die Diplomatie
in die Wiege gelegt. Diese eigenartige Mischung in ihrer Persönlichkeit ist wirklich erstaunlich: Auf der einen Seite besitzen sie
häufig einen Charme, mit dem sie so ziemlich
jeden um den Finger wickeln und beeindrucken können, auf der anderen Seite fehlt
ihnen manchmal jegliches Feingefühl. Locker
und leicht können sie einen Scherz über das
Übergewicht, die Falten im Gesicht oder das

unglücklich sitzende Jackett ihres Gesprächs-
partners machen, so daß dieser vor Scham
und Peinlichkeit am liebsten im Boden ver-
sinken würde. Seltsamerweise nimmt ihnen
das trotzdem kaum jemand übel. Ein Schütze
scheint sich ungestraft Dinge herausnehmen
zu können, die man anderen nicht durchge-
hen lassen würde.

Umgang
mit anderen

Werden sie selbst einmal kritisiert, so ant-
worten sie in der Regel auf eine spitze Bemer-
kung genauso spitz, und damit ist die Sache
erledigt. Sich eingeschnappt und beleidigt zu-
rückzuziehen, solch eine Reaktion kommt bei
Schützen nicht vor. Auch bei anderen haben
sie nur selten Verständnis für Weinerlichkeit
und Selbstmitleid. Es ist ihnen unangenehm,
wenn man sich vor anderen hemmungslos ge-
henläßt und die Menschen in seiner Umgebung als »seelischen Mülleimer« mißbraucht.
Sie selbst reißen sich schließlich auch zusammen, sogar wenn es ihnen einmal besonders
schlecht geht. Selten werden sie andere ihre
Probleme spüren lassen, sondern eher noch
nach außen ein fröhliches Gesicht zeigen,
auch wenn sie bis zum Hals in der Tinte sitzen.
Es muß sehr viel passieren, bis ein Schütze jemand anderen um Hilfe bittet, die über einen
kleinen Gefallen hinausgeht.

Tue Gutes und rede darüber

Insgeheim hält sich der Schütze sowieso für
stärker, robuster, mutiger und belastungsfä-
higer als die meisten seiner Mitmenschen und
glaubt deshalb, auch besser mit den Widrig-
keiten des Lebens zurechtzukommen. Oft ist

ihm dabei sein seltsam unerschütterlicher Optimismus eine Hilfe, der ihn auch in seinen dunkelsten Stunden glauben läßt, daß sich letztlich alles zum Guten wenden wird. Natürlich hält er sich damit auch schlußendlich für etwas Besseres und Besonderes, aber er wird sich in der Regel hüten, dies seine Umgebung allzusehr spüren zu lassen, zumindest nicht direkt. Und die indirekte Form äußert sich eher positiv, nämlich in der ausgeprägten Bereitschaft, anderen zu helfen. In der Tat sind viele in helfenden Berufen tätig, etwa im Kranken- und Pflegebereich. Manche werden auch aus Überzeugung Rechtsanwälte. Andere engagieren sich in Ehrenämtern oder unterstützen mittellose Verwandte und Freunde. Die Mischung aus Hilfsbereitschaft und Geltungsbedürfnis gipfelt dann manchmal in der Lebensdevise »Tue Gutes und rede darüber«. Diese Einstellung mag nicht gerade übermäßig bescheiden sein, doch ist sie sicherlich wesentlich menschenfreundlicher als das Motto »Leg jeden aufs Kreuz, und laß dich dabei nicht erwischen«.

Optimismus

Schützen sind oft außerordentlich originelle Selbstdarsteller, die faszinierend und ausdauernd über die unterschiedlichsten spannenden Gebiete parlieren können. Da sie wirklich etwas zu sagen haben und langweiligen Small talk wann immer möglich vermeiden, sieht man es ihnen gern nach, daß sie Freude daran haben, sich selbst im besten Licht darzustellen, und andere nicht immer zu Wort kommen lassen.

Selbstdarsteller

Manche Jupiter-Geborene sind echte Modefreaks. Das gilt nicht unbedingt für die Kleidung, obwohl einige auch hier schon den letzten Schrei tragen, bevor andere überhaupt davon gehört haben. Dieses Faible kann sich durchaus auf die neuesten technischen Geräte, Stereoanlagen oder Gymnastikkurse beziehen. Solche Menschen haben ein außerordentlich feines Gespür für den Zeitgeist. So kann ihnen kein neuer Trend entgehen, und wenn er auf einem Gebiet stattfindet, das sie interessiert, sind sie dabei. Vergessen Sie nicht: Schützen sind oft ein Leben lang auf der Suche, und so hat mancher von ihnen die Hoffnung, daß der neueste Hit ihm genau die Befriedigung verschaffen könnte, nach der er bisher vergeblich gehungert haben.

Mode-bewußtsein

So wird ein begeisterter Esoterik-Anhänger sich heute zum Heilfasten zurückziehen, nachdem er gestern in einer indianischen Schwitzhütte war, um morgen seinen Reiki-Meister zu machen und übermorgen über glühende Kohlen zu laufen. Es ist wirklich auffällig, wie viele Seminargänger sich unter den Schütze-Menschen finden.

»Jeder Grashalm hat seinen Engel, der ihn antreibt und ihm sagt: ›Wachse! Wachse!‹«

(HEBRÄISCHES SPRICHWORT)

Äußerlichkeiten sind ihnen in der Regel allerdings nicht wirklich wichtig. Materielle Güter betrachten sie als angenehmen Luxus, den sie gern in Anspruch nehmen, wenn sie die Mittel dazu haben und ihnen danach ist, doch können sie niemals wirklich befriedigen. Selbst ausgesprochen wohlhabende oder gar reiche Vertreter dieses Zeichens können sparsam bis spartanisch leben, falls sie sich damit wohl fühlen. Und das tun sie öfter, als man annehmen würde. In jedem Fall ist ihr Selbstwertgefühl groß genug, um nicht in einen bestimmten Golfclub einzutreten oder eine gewisse Automarke zu fahren, bloß weil »man« das bei ihren wirtschaftlichen Möglichkeiten angeblich so tut.

Schützen lieben das Große, Weite. Bei vielen äußert sich das auch darin, daß ihnen jede Form von Spießertum ein Greuel ist und ihnen selbst in den eigenen vier Wänden gelegentlich die Decke auf den Kopf fällt. Manchmal können sie einen solchen Rappel bekommen, daß sie einen langen Spaziergang im Wald brauchen – oder doch wenigstens den Gang um den Block, um wieder ein wenig zu sich zu finden. Sie wollen schließlich den Sinn des Lebens entdecken und herausbekommen, was die Welt im Innersten zusammenhält. Die Beschäftigung mit Hausputz, Abwasch und Kochen ist dabei allerhöchstens ein gerade mal erträgliches Übel, Begeisterung kommt hierbei kaum auf. Auch unter den Schütze-Frauen gibt es nur selten Putzteufel und Hausfrauen aus Berufung (falls nicht eine Krebs-Dominanz hinzukommt).

Freiräume

Über die Sportlichkeit der Angehörigen dieses Zeichens wurde und wird viel geschrieben. Zwar gibt es insbesondere bei jungen Mädchen eine außergewöhnliche Vorliebe für den Reitsport und die Liebe zu Pferden, aber insgesamt ist dieses Zeichen nicht sportlicher als andere auch. Allerdings besitzen Schützen oftmals eine ungewöhnliche Mischung aus robuster und widerstandsfähiger Konstitution und nervösem Temperament. Insofern ist Sport oder zumindest viel Bewegung an der frischen Luft eine gute Möglichkeit, Körper und Seele wieder zu-

Sportlich-keit

Ideen-
reichtum

sammenzubringen. Wirklich zu Hause sind Schützen in der Welt der Ideen. Sie sind begeisterungsfähig für alles, was originell ist und über die Tagesaktualität hinausgeht. So gibt es viele Jupiter-Geborene, die begnadete Erfinder sind. Und das in ganz praktischer Hinsicht: Sie ersinnen wirklich Geräte und Vorrichtungen, die das Leben einfacher machen sollen. Dies gilt auch im übertragenen Sinne, daß sie sich intensiv ihre eigenen Gedanken machen und daraus ein Gebäude entwickeln, aus dem sich ihre Lebensphilosophie zusammensetzt. Im Zweifel ist ihnen da ein schönes und gelungenes Luftschloß lieber als eine häßliche, phantasielose, aber reale Hütte.

Es soll nicht verschwiegen werden, daß sich bei manchen die Erfindungsgabe auch auf die eigene Biographie erstreckt. So mancher Hochstapler und Münchhausen wurde unter diesem Tierkeiszeichen geboren. Doch selbst den echten Aufschneidern ist man selten böse, und man hört ihnen oft noch gern zu, weil sie einen so großen Unterhaltungswert haben.

Lebens-
künstler

Manche Jupiter-Kinder, denen der rechte Erfolg und die Anerkennung in der materiellen Welt versagt geblieben sind, wurden zu Lebenskünstlern, die es sich in ihren prachtvollen Gedankengebäuden so angenehm eingerichtet haben, daß sie nicht die Spur von Mangel empfinden, im Gegenteil. Andere Menschen, die nicht über diese außergewöhnliche Begabung verfügen, haben Schwierigkeiten, nachzuvollziehen, wie es einem in einer materiell eher kärglichen Situation so gut gehen kann. Manche versuchen dann durch die Vermittlung von Jobs oder durch Geldgeschenke zu helfen und merken doch nicht, daß ihre eigene Lebensqualität, trotz ihres größeren materiellen Wohlstandes, vielleicht eine viel geringere ist als die des Schütze-Lebenskünstlers.

Das Schütze-Kind

Schütze-Kinder versetzen ihre Eltern manchmal schon bei der Geburt unnötig in Angst und Schrecken: Viele von ihnen sparen sich den sogenannten ersten Schrei, vor allem dann, wenn der Arzt auf den mittlerweile ohnehin als veraltet geltenden Klaps auf den Po verzichtet. Überhaupt sind zahlreiche Schützen in den ersten Lebensjahren ungewöhnlich ruhig, und solange sie sich einigermaßen wohl in ihrer Haut fühlen, werden sie nicht ihre Energie dadurch verschwenden, daß sie Nächte durchschreien.

Die einfache Erklärung für diesen Umstand ist: Sie kommen mit dem Selbstverständnis auf die Welt, daß diese nur auf sie gewartet hat, um sie in jeder Hinsicht zu versorgen. Warum also vor Angst schreien? Falls keine schwerwiegenden Verletzungen im Horoskop vorliegen, sind sie zumindest bis zum Beginn der Schulzeit von uneingeschränktem Selbst- und Gottvertrauen durchdrungen. Ihre Lebensfreude sowie ihr Optimismus sind

ansteckend und lassen auch ihre Eltern schnell die Alltagssorgen vergessen. Doch bevor zuviel Begeisterung aufkommt: Zwar ist es richtig, daß Jupiter-Kinder nur selten aus Angst schreien, doch das ist noch lange keine Garantie für ruhige Zeiten. Schließlich gibt es noch genügend andere Gründe zu brüllen, und die beiden häufigsten sind hier reine *Lebensfreude* und Wut. Temperamentvolle Schütze-Kinder – insbesondere, wenn ihr Mond oder Aszendent ebenfalls in einem Feuerzeichen steht – werden sich in ihren ersten Lebensjahren fast ständig in einem der beiden Zustände befinden, womit sichergestellt ist, daß sie wirklich kräftige Lungen bekommen. Sollten Sie mit einem solchen Energiebündel gesegnet sein, so hat dies wenigstens einen praktischen Vorteil: Sie wissen so gut wie immer, wo sich Ihr Kind befindet; falls Sie es einmal nicht sehen können, dann hören Sie es wenigstens.

Lebens-freude und Wut

Schütze-Kinder brauchen viel Platz. Sie müssen sich ausbreiten können und ihre Umgebung erforschen. Das heißt nichts anderes, als daß sie mit Begeisterung all ihre Sachen gleichmäßig in der Wohnung verteilen und alles auseinandernehmen, was ihnen nicht gehört. Sie interessieren sich für alles und verfügen über eine schier unerschöpfliche Energie. Es besteht kein Zweifel: Ein solcher Jungschütze ist nicht nur ein strahlender Sonnenschein, sondern auch ziemlich anstrengend, selbst wenn er nicht schreit. Die Unterscheidung zwischen mein und dein ist oft ein echtes Erziehungsproblem. Es dauert lange, einem Jupiter-Kind beizubringen, daß ihm et-

Forschungs-drang

was nicht gehört. Ein wenig ent-
spannter wird diese Situation,
sobald Ihr Kind in die Schule
kommt und lesen lernt. Sofern
seine natürliche Neugier nicht
von ungeeigneten Lehrern zerstört wird, lernt es bereitwillig

> »Zwar weiß ich viel,
> doch möcht' ich alles
> wissen.«
>
> (JOHANN WOLFGANG VON
> GOETHE [FAUST])

und geht auch gern in die Schule, zumindest
die ersten Jahre. Schütze-Kinder wollen so viel
wie irgend möglich verstehen und begreifen,
die Schule kann ihnen zumindest einen Teil
ihrer unzähligen Fragen beantworten.

Am besten finden Sie sich damit ab, daß
diese Kinder kein Problem damit haben, drei
oder vier Dinge gleichzeitig zu tun. Wenn Sie
unvermutet das Zimmer Ihres Nachwuchses
betreten, kann es durchaus passieren, daß Sie
sehen, wie Ihr Sprößling gleichzeitig Musik
hört, mit der Fernbedienung durch die Fern-
sehprogramme zappt und dabei noch angeregt
telefoniert. Vielleicht futtert er auch noch Erd-
nüsse und kritzelt auf ein Blatt Papier. Vermutlich beschleicht Sie dabei das Gefühl, daß
so etwas nicht gesund sein kann. Doch Sie
werden selbst schnell feststellen: Hier nutzen
weder freundliche noch ernste Ermahnungen
etwas. Ihr Kind wird kaum Verständnis dafür
aufbringen können, daß es ihm schadet, wenn
es seine Zeit so intensiv wie möglich nutzt.
Schließlich ist es nicht sein Problem, daß Sie
immer nur eine Sache auf einmal machen
können.

*Intensives
Leben*

Entgegen der Lehrmeinung vieler Pädago-
gen werden Sie vermutlich auch feststellen:
Ihr Kind lernt besser, schneller und leichter,
wenn es beim Hausaufgabenmachen Musik

hören kann. Manches informationshungrige Schütze-Gehirn kann sich überhaupt nur richtig auf eine Sache konzentrieren, wenn es sich nebenbei noch mit mindestens ein, zwei anderen Dingen beschäftigt. Die meisten Schütze-Kinder sind genauso vielseitig *Vielseitige* begabt wie interessiert. Schnell sind sie von *Interessen* etwas begeistert, und genauso schnell erlahmt das Interesse auch wieder. Die Gitarre, die unbedingt zum Geburtstag hermußte, steht schon ein wenig später ungenutzt und verstaubt in der Ecke, Bücher, die der Jungschütze mit Feuereifer zu lesen begann, werden nach den ersten zwanzig Seiten wieder weggelegt, und der Sportverein, den er unbedingt besuchen wollte, hat er auch nur wenige Male gesehen, bevor er seine Besuche einstellte.

Es mag banal klingen, und doch ist es für das Schütze-Kind die größte Herausforderung, Angefangenes zu Ende zu führen, denn seine *Mangel an* größten Schwächen sind Mangel an Ausdauer, *Ausdauer* Sprunghaftigkeit und eine natürliche Abneigung gegen jede Form von Anstrengung. So menschlich und weit verbreitet diese Schwächen auch sind, so stellen sie doch ein erhebliches Hindernis für den schulischen und später für den beruflichen Erfolg dar. Oft ist es eine gute Idee, dem Schütze-Kind ein Haustier zu schenken, allerdings nur, wenn es sich dies ernsthaft genug wünscht. Ist dies der Fall, dann sollten Sie ihm die Verantwortung bewußtmachen, die man für ein solches Tier trägt, und ihm dann tatsächlich soweit wie möglich die Pflege überlassen. Das wirkt oft regelrecht Wunder.

Die Schütze-Frau

Wer ein anspruchsloses, gefügiges und hand-
zahmes »Heimchen am Herd« sucht, wird bei
einer Schütze-Frau nur sehr selten »Glück«
haben. Diese Damen sind anspruchsvoll! Sie
erwarten viel vom Leben im allgemeinen und *Anspruch*
von ihrem Partner im besonderen. Ein Mann,
der ihnen nichts Außergewöhnliches zu bieten
hat, wird sie kaum interessieren, »normale«
Männer gibt es schließlich genug. Das heißt
nicht zwingend, daß sie erwarten, auf Rosen
gebettet und mit Schmuck überhäuft zu werden, obwohl sie sich auch dagegen nur selten
sträuben werden – wenn sie meinen, an den
Richtigen geraten zu sein. Nein, zumindest bei
den höherentwickelten Persönlichkeiten stehen geistige Werte an erster Stelle. Der Mann
ihrer Träume sollte wortgewandt sein, über
vielseitige Interessen verfügen, eine gute Allgemeinbildung haben und sich gut benehmen
können. Schließlich diskutieren die meisten
von ihnen gern, und es ist ihnen regelrecht
peinlich, wenn ihr Gegenüber ihnen rhetorisch nicht gewachsen ist.

Schütze-Frauen sind starke und gelegent-
lich fast beängstigend selbstbewußte Persön- *Selbstbe-*
lichkeiten. Obwohl sie in den meisten Fällen *wußtsein*
rücksichtsvoll sein und niemanden verletzen
wollen, nehmen sie doch nur selten ein Blatt
vor den Mund. Wenn Sie das Herz einer Jupi-
ter-Dame erobern wollen, kann es Ihnen
durchaus passieren, daß Sie bereits beim ersten Rendezvous zu hören bekommen, wie geschickt doch Ihr eleganter Anzug Ihren Bauch-
ansatz kaschiert. Während Sie versuchen, Ihr

inneres Gleichgewicht wiederzufinden, bekommen Sie möglicherweise das Kompliment,
daß Sie für vierzig Jahre noch erstaunlich jugendlich wirken, während Sie in Wahrheit gerade Ihren zweiunddreißigsten Geburtstag
gefeiert haben. Vielleicht machen Sie auch
seit Jahren angestrengt Bodybuilding, um sich
eine besonders männliche Figur anzutrainie-
ren. In diesem Fall ist es relativ wahrscheinlich, daß Sie ein ehrliches Lob für Ihre
schmalen Schultern und dünnen Arme erhalten.

Ich denke, das Prinzip ist deutlich geworden. Wer sich in eine Schütze-Frau verguckt
hat, sollte nicht gerade aus Zucker sein, denn
er wird jede Menge Dinge über sich erfahren,
die er noch nie wissen wollte. Daß jede Äußerung ehrlich und freundlich gemeint ist,
macht die Sache nicht unbedingt leichter. Gelegentlich dürfen Sie allerdings durchaus mit
Provoka- einer kecken Provokation rechnen, denn die
tionen Dame Ihres Herzens liebt es, Ihre Schlagfertig-
keit und innere Gelassenheit zu testen. Alle
Schützen haben einen Hang zu Übertreibungen, da machen die weiblichen Exemplare
keine Ausnahme. Wenn irgendwo ein Fett-
näpfchen herumsteht, dann ist es in der Regel
nur eine Frage der Zeit, bis sie auch hinein-
treten. In solchen Fällen ist es richtig und angebracht, freundlich, aber bestimmt darauf
hinzuweisen, daß sie jetzt wirklich zu weit ge-
gangen sind. Sie brauchen sich keine Sorgen
darüber zu machen, daß Sie Ihre Angebetete
damit in die Flucht schlagen. Im Gegenteil,
vielleicht werden Sie erst jetzt von ihr wirklich
respektiert und ernst genommen. Falls sie Sie
absichtlich hochgenommen hat, wird sie mit

Sicherheit so reagieren. Geschah es hingegen unabsichtlich, entschuldigt sie sich wortreich und macht deutlich, daß sie es wirklich nicht böse gemeint hat. Oft macht es die Entschuldigung noch schlimmer, wenn sie eine Peinlichkeit durch eine noch größere ersetzt. Aber hier sehen Sie ja den guten Willen und sollten die Souveränität haben, das Ganze zu den Akten zu legen.

Peinlich-keiten

Schütze-Frauen sind oft erstaunlich selbständig und unabhängig. Viele leben gern allein und haben es mit einer festen Beziehung oder gar der Ehe überhaupt nicht eilig. Manche sehen einfach nicht ein, warum sie einen Horizont voller Möglichkeiten gegen die Einbahnstraße einer festen Bindung eintauschen sollen. Schützen haben eine angeborene Ablehnung gegen jede Form von Enge, und für die meisten bedeutet die klassische Kleinfamilie genau das: eine erschreckende Einengung. So ist es eine erstaunliche Tatsache, daß sie dennoch recht oft frühzeitig feste Bindungen eingehen, die ihrem Freiheitsdrang einfach nicht angemessen und damit zum Scheitern verurteilt sind. Hier mag der Überschwang der Gefühle eine Rolle spielen, der Schützen nur allzuoft gerade in wichtigen Lebensfragen zu Fehlentscheidungen verleitet. Es gehört jedoch zu den großen Geheimnissen dieses Tierkreiszeichens, daß sich bei ihm selbst grobe Fehler und Pannen letztlich als Gewinn herausstellen.

Über-schwang der Gefühle

Ein Beispiel dafür ist eine Schütze-Frau, die den Manager eines internationalen Autokonzerns heiratete. Kurz nach der Hochzeit zogen beide nach Schweden, weil der Ehemann aus

> »Annabel,
> ach Annabel, du bist
> so herrlich
> unkonventionell ...«
>
> (REINHARD MEY)

beruflichen Gründen dort vor Ort sein mußte. Die Ehe zerbrach bereits nach wenigen Wochen, als der Mann durch ein Schlüsselerlebnis seine Homosexualität entdeckte. Kurz darauf lernte die Frau jedoch die Liebe ihres Lebens kennen, einen jungen schwedischen Philosophiestudenten. Ohne den Ortswechsel wären sich die beiden wohl niemals begegnet. Die Geschichte hat jedoch noch eine weitere Pointe. Die Eheleute wußten, ihre Ehe konnte nicht funktionieren, dennoch mochten sie sich nach wie vor genug, um Freunde zu sein. Aus Statusgründen war es dem Mann wichtig, seine Homosexualität nach außen hin zu verbergen und eine Ehefrau zum »Vorzeigen« zu haben. Damit war die Schütze-Frau einverstanden, zumal er ihr Verhältnis zu dem jungen Schweden nicht nur tolerierte, sondern sogar unterstützte, nicht zuletzt finanziell. So löste sich eine Katastrophe letztendlich in unkonventionelles Wohlgefallen auf. Bei Schütze-Frauen sollten Sie sich über solch ungewöhnliche Entwicklungen nicht wundern – sondern fest damit rechnen.

Der Schütze-Mann

Gustav Gans

Kennen Sie Donald Duck aus Entenhausen? Dann ist Ihnen sicherlich auch Gustav Gans ein Begriff. Damit hätten Sie schon einmal eine recht anschauliche Vorstellung über einige wesentliche Charaktermerkmale des Schütze-Mannes. Wenn Gustav Gans hinfällt, dann nur, um einen Hundertmarkschein zu finden.

Falls er das erste Lotterielos seines Lebens kauft, wird er garantiert den Hauptgewinn ziehen. Sollte ihm jemals das Mißgeschick widerfahren, sich ein Bein zu brechen, so wird seine *Glück* Krankenschwester sicherlich die Frau seiner Träume sein, und man wird ihn kostenlos behandeln und noch ein schönes Sümmchen drauflegen, weil er der einmillionste Patient mit einem Beinbruch in diesem Krankenhaus ist und darauf ein Preis ausgesetzt wurde. Gleichgültig, was Gustav Gans passiert, ob es sich ein Mißgeschick handelt oder nicht, binnen kurzem stellt sich alles bei ihm als Glücksfall heraus.

Vermutlich werden Ihnen diese Beispiele übertrieben erscheinen – natürlich zu Recht, denn kein lebender Mensch kann ausschließlich und nur Glück in seinem Leben haben. So etwas müssen wir dann eben doch Comicfiguren überlassen. Dennoch haben Schütze-Menschen ungewöhnlich

> »Glück hat auf Dauer nur der Tüchtige.«
>
> (HELMUTH VON MOLTKE)

häufig ein schon fast schicksalhaftes Glück, das den meisten anderen verwehrt bleibt. Um ein durchaus nicht untypisches Beispiel zu nennen: Ein junger Schütze-Mann hatte seit dem Abschluß seiner Ausbildung zum Buchhalter mehrere Jahre vergeblich versucht, eine Anstellung zu finden. Auf dem Weg zu einem Vorstellungstermin irrte er sich in der Adresse und landete in einem Theater statt wie geplant im Büro eines Handelshauses. Nach einem kurzen Vorstellungsgespräch wurde er für die Rolle eines kleinen Beamten engagiert. Wenige Jahre später war er ein bekannter und erfolgreicher Schauspieler.

Ziele

Wie es sich für einen Schützen gehört, suchen sich diese Männer ein möglichst weit gestecktes Ziel, schießen ihren Pfeil dorthin und laufen los, um ihn wieder einzusammeln. Wenn sie unterwegs von etwas abgelenkt werden, das ihre Aufmerksamkeit wirklich fesselt, kann es durchaus vorkommen, daß sie ihr ursprüngliches Ziel vergessen und in eine völlig neue Richtung weiterwandern. Ihren alten Pfeil vergessen sie einfach und schnitzen sich einen neuen.

Schütze-Männer wissen, daß nichts im Leben ewig währt, auch nicht die Liebe. Da sie gleichzeitig jedoch auch große Idealisten sind, ergeben sich in ihren Partnerschaften die merkwürdigsten Mischungen aus Romantik, Pragmatik und manchmal geradezu brutaler Offenheit. Selbstbewußte Schütze-Männer – und die meisten von ihnen sind selbstbewußt – haben kaum Hemmungen, einer Frau, die sie interessiert, ziemlich unverblümt mitzuteilen, was sie von ihr wollen. Wenn sie in der richtigen Stimmung sind, können sie dabei ihre Wünsche und Phantasien so detailliert ausmalen, daß ihr Gegenüber nicht weiß, ob es sich geschmeichelt und inspiriert oder beleidigt und abgestoßen fühlen sollte. Wirkungslos bleiben solche Vorstöße jedenfalls so gut wie nie, und sehr viel häufiger, als man meinen sollte, führen sie zum gewünschten Ziel.

Offenheit

Eines der Geheimnisse des Schütze-Mannes ist seine entwaffnende Offenheit. Er versucht nicht, sich besser zu machen, als er ist (zumindest nicht zu sehr), er kommt nicht mit platten Versprechungen, die jeder Frau nur ein gelangweiltes Gähnen entlocken, und er besitzt Charme. Er ist faszinierend ehrlich. Selbst wenn er lügt und übertreibt, sagt er damit in gewisser Weise noch die Wahrheit. Er glaubt an seine Träume, und wenn er fest genug an etwas glaubt, dann ist es doch fast so, als ob es schon wahr wäre, oder etwa nicht?

Zu seinen größten Vorzügen zählt sicher die Tatsache, daß er nicht berechnend ist. Er wird nur selten deswegen etwas Unwahres sagen, weil er glaubt, sich damit Vorteile zu verschaffen. Selbst wenn er sich in den höchsten Tönen selbst lobt, geschieht dies nicht unbedingt, um jemanden zu beeindrucken. Wahrscheinlich ist er im Augenblick einfach nur zutiefst von sich selbst fasziniert und hat das dringende Bedürfnis, seine Begeisterung mit jemandem zu teilen. Es ist gut möglich, daß er im nächsten Augenblick von jemand oder etwas anderem ergriffen ist. Diese ungebremste Begeisterungsfähigkeit ist eine tolle und ansteckende Sache, in festen Beziehungen allerdings manchmal ein Problem. Kaum eine Frau ist davon angetan, wenn ihr Ehemann nach Hause kommt, um ausführlich von den Reizen seiner neuen Sekretärin zu schwärmen. Natürlich meint er es nicht »böse«, er ist halt nur ehrlich.

Begeisterungsfähigkeit

Die größte Schwäche vieler Schütze-Männer ist ihre mangelnde Zuverlässigkeit. Sie wollen gern helfen, und im Überschwang der Gefühle machen sie Versprechungen oder treffen Vereinbarungen, von denen sie wenig später gar nichts mehr wissen. Solche Zusagen sind für sie nichts anderes als unverbindliche Absichtserklärungen, auch wenn sie in der Situation zutiefst davon überzeugt sind, daß sie ihr

Versprechen auch halten werden. Hier ist es so ähnlich wie bei Urlaubsbekanntschaften: Kurz vor der Heimreise tauscht man Adressen aus und verspricht sich feierlich, in Kontakt zu bleiben. So gut wie nie wird dann tatsächlich etwas daraus – aus den Augen, aus dem Sinn. In dieser Hinsicht scheinen Schütze-Männer ein Leben lang in Urlaub zu sein. Allerdings gibt es viele, die im Laufe ihres Lebens diese Schwäche überwinden und grundsätzlich niemals etwas versprechen, was sie nicht auch halten. Diese Jupiter-Männer sind dann so zuverlässig, wie man nur sein kann. Wie auch immer, ein Problem wird es mit ihnen nie geben: Langeweile.

Zuver-lässigkeit

Die Bedeutung des Geburtstages

Das folgende Kapitel behandelt die einzelnen Geburtstage, die in Gruppen von jeweils drei Tagen zusammengefaßt sind. Dies erlaubt eine wesentlich persönlichere Deutung, als es über das Tierkreiszeichen allein möglich wäre. Wenn Sie die Aussagen zu den jeweiligen Geburtstagen mit dem, was Sie über das Tierkreiszeichen Schütze gelesen haben, kombinieren, werden Sie die Schütze-Persönlichkeit mit Sicherheit noch besser getroffen finden.

Ergänzender Hinweis: Die in den Geburtstagsgruppen gemachten Aussagen leiten sich von den sogenannten »Kritischen Graden« ab. Diese kommen in unterschiedlicher Häufigkeit über den gesamten Tierkreis verteilt vor. Wenn Sie also – etwa beim gründlichen Vergleich verschiedener Bände aus dieser Reihe – zu unterschiedlichen Daten den gleichen Text vorfinden sollten, ist dies kein Fehler, sondern Absicht. Bei diesen Menschen stand die Sonne zum Zeitpunkt der Geburt eben auf dem gleichen »Kritischen Grad«.

21. bis 23.11. (29 Grad Skorpion bis 1 Grad Schütze)

Menschen, die an diesen Tagen geboren wurden, sind oft leidenschaftlich und radikal in ihren weltanschaulichen Ansichten. Sie sind meist Idealisten, die sich insgeheim die Macht wünschen, ihre Mitmenschen zu ihrem Glück

Leidenschaft

zwingen zu können. Für Ziele, die ihnen loh-
nenswert erscheinen, sind sie sogar bereit,
ihre finanzielle Absicherung und ihre Gesundheit zu gefährden. So anerkennenswert dieser
Wesenszug ist, sollten derartige Schritte doch
extremen Ausnahmesituationen vorbehalten
bleiben, die keine andere Lösung zulassen.

Aufgaben   Lernaufgabe und Herausforderung dieser
Konstellation – die wie gesagt auch bei der
Sonne in einem anderen Tierkreiszeichen vorkommen kann – liegt in der Überwindung
ihrer scheinbaren Widersprüchlichkeit.

Ein Beispiel soll dies verdeutlichen: Ein eso-
terischer Buchversand weigerte sich, das Werk
eines bestimmten Astrologen zu vertreiben,
mit dem Argument, der Autor würde andere
bewerten – und das könne man nicht unterstützen. Was war in Wahrheit geschehen? Die
Leiter des Buchversands hatten, ohne das geringste Schuldbewußtsein, dasselbe getan, was
sie dem Autor vorwarfen, sie hatten andere,
nämlich in diesem Fall den schriftstellernden
Astrologen, bewertet. Dieses Beispiel wurde
gewählt, um die ansonsten recht schwierig in
Worte zu kleidende Thematik dieser Konstellation anschaulich zu machen: Gerade indem
man etwas besonders richtig machen möchte,
macht man es falsch. Weil man zu sorgfältig
vorgeht, entstehen Fehler. Da man niemanden
bevorzugen will, tut man allen bitter unrecht.
Die Beispiele ließen sich beliebig vermehren.

Sichtbar wird eine scheinbare Paradoxie,
die ihren Ursprung in der uneingestandenen
Divergenz zwischen Anspruch und Wirklichkeit hat. Diese Menschen begreifen oft wesentlich mehr, als sie in ihrem praktischen Leben

umsetzen können. Das ist an und für sich nichts Besonderes, schließlich geht es in diesem Punkt mehr oder weniger allen Menschen so. Im Unterschied zu denjenigen, die diesen Aspekt im Horoskop aufweisen, ist jedoch bei den meisten von uns die Spannung zwischen diesen beiden Polen geringer, oder wir haben einfach nicht in gleichem Umfang die Erwartung an uns, Anspruch und Wirklichkeit in Einklang zu bringen; wir können unsere individuelle Widersprüchlichkeit leichter ertragen. Die Falle für diese Konstellation liegt darin, daß die Betreffenden die hohen Erwartungen, die sie an sich selbst stellen und denen sie leider nicht gerecht werden können oder auch wollen, auf andere übertragen. Sie sehen den Spreißel im Auge ihres Gegenübers, aber nicht das Brett vor dem eigenen Kopf.

Die Lösung des Problems ist sehr einfach: Wir sollten uns selbst gegenüber die gleiche Milde und Nachsicht aufbringen, mit der wir anderen begegnen wollen. Zum zweiten sollten wir davon ausgehen, daß alles, was uns an unseren Mitmenschen stört, Eigenschaften sind, die uns selbst mehr oder weniger zu eigen sind. Bevor wir von unserer Umwelt erwarten, daß diese sich ändert, sollten wir erst einmal damit beginnen, uns selbst zu ändern. Wenn wir erkennen, wie schwer das ist, werden wir anderen gegenüber nachsichtiger sein.

Milde und Nachsicht

24. bis 26.11. (2 bis 4 Grad Schütze)

Wer an einem dieser Tage geboren wurde, ist häufig eine sehr empfindsame Persönlichkeit. Oft handelt es sich um Menschen mit beson-

Empfindsamkeit

deren künstlerischen, aber auch esoterischen Fähigkeiten. Da ihnen direkte Auseinandersetzungen nicht sonderlich liegen, besitzen sie die Eigenschaft, ihre Umgebung durch ihr eigenes Verhalten unmerklich in ihrem Sinne zu beeinflussen.

Instabiles Nervensystem
Meist verfügen sie über ein wenig stabiles Nervensystem. Dies zeigt sich häufig in Form von Wetterfühligkeit, erhöhter Infektionsgefahr oder Unverträglichkeit von Medikamenten.

Menschen mit dieser Konstellation haben manchmal Schwierigkeiten, sich mit dem praktischen Alltag abzufinden. Mehr oder weniger deutlich sind sie beständig von dem Empfinden beseelt, daß »dies doch noch nicht alles gewesen sein kann«, daß es etwas Größeres und Bedeutenderes geben muß, was da draußen auf sie wartet, und sie müßten nur hinausgehen, um es zu entdecken. Wenn die Sehnsucht nach Höherem so überhandnimmt, daß der gewöhnliche Alltag als unerträglich unbefriedigend und langweilig empfunden wird, kann dies fatale Folgen haben.

»Sechster Sinn«
Diese Menschen scheinen einen sechsten Sinn zu haben, der ihnen dazu verhilft, stets im richtigen Moment am richtigen Ort zu sein. Wenn sie sich auf ihren Instinkt verlassen, liegen sie fast immer richtig. Gelegentlich verläßt sich jedoch der eine oder andere zu sehr auf sein Glück und schreckt auch vor illegalen und unmoralischen Machenschaften nicht zurück. Hier wird nach anfänglichen Erfolgen ihre sonst so zuverlässige Intuition versagen und zu immensen materiellen Verlusten führen.

Zum Glück kommt diese extreme Entsprechung nur sehr selten vor. Die meisten lernen einfach ziemlich früh, daß die Menschen in ihrer Umgebung eher dazu neigen, die Fähigkeiten und die Bedeutung dieser Schützen zu überschätzen. Da sie selbst nichts getan haben, um diesen Irrtum zu fördern, sehen sie auch keinen Grund, ihn zu korrigieren. So kommen sie in den Genuß mancher Vorteile. Ein Klient mit dieser Konstellation – die wie gesagt auch bei der Sonne in einem anderen Tierkreiszeichen auftreten kann – sah zum Beispiel einem berühmten deutschen Schauspieler zum Verwechseln ähnlich. Wohin er auch kam, wurde er scheinbar »erkannt« und entsprechend bevorzugt behandelt. Er erhielt die besten Hotelzimmer, auch in einem voll besetzten Restaurant wurde auf geheimnisvolle Weise ein Tisch für ihn frei – und so weiter. Nachdem er gelernt hatte, daß seine Versuche, den Irrtum zu korrigieren, nur dazu führten, daß man ihn um so mehr mit diesem Schauspieler identifizierte, begann er sich mit seiner Doppelgängerrolle anzufreunden. Höhepunkt der Entwicklung war, daß er den besagten Mimen, der auch noch in der gleichen Stadt wie er lebte, eines Tages kennenlernte. Die beiden verstanden sich auf Anhieb, und der wirkliche Schauspieler engagierte ihn offiziell als Doppelgänger, der für ihn Veranstaltungen besuchte, zu denen er selbst nicht hingehen wollte. So verdiente mein Klient mit seiner Ähnlichkeit auch noch Geld.

Vorteile

Rollenspiele

Sicherlich ist ein solcher Fall die seltene Ausnahme. Dennoch entspricht er einem Prinzip, das für alle Menschen mit dieser Konstellation – auch bei anderen Sonnenzeichen – gilt. Ein weiterer Klient wurde aufgrund seines vornehmen Auftretens immer für einen Adligen gehalten, obwohl er ein »normaler« Bürger und Filialleiter eines Supermarktes war. Trotzdem wurde er überall bevorzugt und mit Respekt behandelt.

Eine Dame schließlich, die ebenfalls diesen Aspekt aufwies, schien die Fähigkeit zu haben, sich unsichtbar zu machen. Schon früh hatte sie erkannt, daß sie niemandem auffiel, wenn sie nicht bemerkt werden wollte. Sie nutzte dies für Theaterbesuche und Zugfahrten: Ihren Aussagen zufolge mußte sie niemals eine Karte lösen, in dreißig Jahren fiel sie kein einziges Mal auf, noch nicht einmal dann, wenn alle anderen kontrolliert wurden.

27. bis 29.11. (5 bis 7 Grad Schütze)

Kommu-nikations-talent

Wer an einem dieser Tage geboren wurde, hat oft ein außergewöhnliches Kommunikationstalent. Die meisten Menschen mit dieser Konstellation reden viel und gern. Da sie in der Tat etwas mitzuteilen haben und dabei auch noch unterhaltsam und amüsant sein können, hört man ihnen meist bereitwillig zu. Nicht immer und nicht allen gelingt es allerdings, das richtige Maß einzuhalten, und mancher übersieht dabei, daß sein Gegenüber gelegentlich auch gern einmal etwas sagen würde.

Unter den Menschen mit dieser Konstellation finden sich häufig geborene Lehrer: Keiner kann so gut wie sie schwierige Zusammenhänge allgemeinverständlich erklären. Ihre Begeisterung für ein Thema ist dabei durchaus ansteckend, so daß ihre Schüler auch tatsächlich bei der Sache sind und nicht nur gelangweilt das Ende der Stunde abwarten.

Diejenigen unter ihnen, die keine solchen Kommunikationsathleten sind, haben häufig eine Vorliebe für das Schreiben, gleichgültig, ob es sich dabei um Briefe, das Tagebuch, Gedichte oder einen Roman handelt.

Schreiben

Besser als die meisten anderen Menschen sind diese Schützen in der Lage, Gefühle auszudrücken und sich in das Seelenleben anderer hineinzuversetzen. So nimmt es nicht wunder, daß, wer immer in ihrer Umgebung Kummer hat, bei ihnen Verständnis und Trost sucht. Da sie stets bereit sind, anderen zu helfen, bleibt ihnen vielfach kaum noch genügend Raum für ihr Privatleben. Oft bedarf es deutlicher Worte des Partners oder enger Freunde, damit sie lernen, sich ausreichend abzugrenzen.

So gut wie alle Menschen mit dieser Konstellation besitzen eine außergewöhnliche geistige Beweglichkeit und eine hohe Intelligenz.

30.11. bis 2.12. (8 bis 10 Grad Schütze)

Diese Konstellation deutet auf ein umtriebiges Temperament hin. Man hat meist kein rechtes »Sitzfleisch«, muß ständig in Bewegung sein und reagiert nervös, wenn man einmal zur Ruhe verurteilt ist.

Umtriebiges Temperament

Der Handlungs- und Aktionsdrang ist so groß, daß fast immer mehrere Projekte gleichzeitig angegangen werden. Im Berufsleben ist das genauso der Fall wie im Privatbereich. Freilich ist damit noch nicht gesagt, daß Angefangenes auch zu Ende geführt wird. In der Regel ist eher das Gegenteil der Fall, zuviel wird begonnen, und zu gering sind Ausdauer und Geduld ausgeprägt. Stören wird das diese

Menschen selten, sie brauchen all ihre Energie, um die Folgen, die sich aus gelungenen Projekten ergeben, zu bewältigen.

Gesteigertes Mitteilungs-bedürfnis

Diese Konstellation kann auf ein gesteigertes Mitteilungsbedürfnis, manchmal bis hin zur Geschwätzigkeit, weisen.

Oft sind besondere intellektuelle Fähigkeiten und eine robuste Konstitution vorhanden. Wer an diesen Tagen geboren wurde, wirkt oft bis ins höhere Alter ausgesprochen jugendlich. Häufig werden auch Partnerschaften mit wesentlich jüngeren Partnern eingegangen.

Wenn andere Konstellationen im Horoskop dies bestätigen, können besondere schauspielerische Neigungen und Fähigkeiten vorliegen. Falls keine anderen Aspekte dem deutlich widersprechen, haben die an diesen Tagen Geborenen die beneidenswerte Fähigkeit, sich in jeder Umgebung im besten Licht darstellen zu können. Ohne daß sie etwas Besonderes unternehmen müßten, halten andere Menschen sie sehr schnell für kompetente und sympathische Persönlichkeiten, zu denen sie gerne in Kontakt treten.

Die angeborene Begabung, eigene Standpunkte so zu formulieren, daß sie einerseits beeindrucken, hinwiederum Andersdenkende nicht vor den Kopf stoßen, macht sie zu begehrten Gesprächs- und Diskussionspartnern.

Umfang-reiche Allgemein-bildung

Da sich höherentwickelte Persönlichkeiten mit dieser Konstellation oft eine erstaunlich umfangreiche und profunde Allgemeinbildung erworben haben, ohne dabei dogmatisch oder besserwisserisch zu werden, akzeptiert man sie auch gern als Vermittler in Auseinandersetzungen. Sie verstehen es, glaubwürdig und unparteiisch die Gemeinsamkeiten unterschiedlicher Standpunkte hervorzuheben, so daß gelegentlich sogar die Aussöhnung zwischen verfeindeten Parteien gelingt.

3. bis 5.12. (11 bis 13 Grad Schütze)

Menschen, die an einem dieser Tage geboren wurden, sind die typischsten Vertreter ihres Zeichens. Die meisten von ihnen sind regelrechte Glückskinder. Was sie anpacken, gelingt ihnen auch so gut wie immer. Die Schwierigkeiten in ihrem Leben scheinen nur dafür dazusein, damit sie sich beweisen können, daß es kaum etwas gibt, mit dem sie nicht fertig werden. Diese Menschen brauchen regelrecht große Herausforderungen, um sich selbst zu bestätigen und daran zu wachsen. Ein Leben, das allzusehr in überschaubaren Bahnen verläuft, gibt ihnen nicht das Gefühl von Sicherheit, sondern sie langweilen sich schlicht zu Tode.

Typischer Vertreter

Mancher geht in solchen Situationen unnötige Risiken ein. Das können gefährliche Sportarten, der Hang zum Glücksspiel oder gar illegale Aktivitäten sein. Und das alles nur, um sich ein wenig Nervenkitzel zu verschaffen. Wenn sie dann einige Jahre später zurückblicken und sich an ihre »Jugendsünden« erinnern (die durchaus nicht nur in der Jugend begangen werden), erschrickt so mancher nachträglich und ist baß erstaunt darüber, trotz so viel sträflichen Leichtsinns mit heiler Haut davongekommen zu sein.

Viel einfacher haben es diejenigen, die ihre überschäumende Lebensenergie schon frühzeitig in konstruktive Bahnen lenken konnten. Menschen, die ihre berufliche Karriere auf der Überholspur machten, sind überdurchschnittlich häufig an diesen Tagen geboren. Ihre zahl-

Erfolge

reichen Erfolge sind niemals etwas, das sie auf Dauer befriedigen könnte, sondern lediglich Etappen auf einem Lebensweg, der kein endgültiges Ziel zu kennen scheint. Diese Schütze-Geborenen müssen darauf achten, daß sie sich und ihren Angehörigen auch einmal ein wenig Muße gönnen. Denn was nützen Erfolg und Wohlstand schon, wenn man sich nicht die Zeit nimmt, diese auch einmal zu genießen?

In Beziehungen verlangen sie ihrem Partner ein hohes Maß an Toleranz ab. Das macht eine Lebensgemeinschaft oder eine Ehe nicht einfacher. Nicht jeder ist dafür geschaffen, mit einem derartigen Energiebündel umgehen zu können. Wer es allerdings mit ihnen aushält, wird dafür mehr als reichlich belohnt: In puncto Großzügigkeit und Hilfsbereitschaft nimmt es so schnell keiner mit ihnen auf.

6. bis 8.12. (14 bis 16 Grad Schütze)

Wer an einem dieser Tage geboren wurde, hat meist eine natürliche Freude am Denken, am Lernen und Lehren. Auch wenn manche Menschen mit dieser Konstellation in ihrem Leben viel Weisheit erwerben, so bleiben sie doch, was

Wissens-
durst

ihre Neugier und ihren Wissensdurst angeht, wie Kinder. Oft kann die Umgebung gar nicht genügend Informationen und Reize zur Verfügung stellen, um ihren ungeheuren Wissensdurst zu befriedigen. Bevorzugt wird immer die Gesamtschau, niemals das Detail. Die Themenfülle, der sich diese Menschen aussetzen, ist oft viel zu groß, um eine gründliche Beschäftigung mit Kleinigkeiten zuzulassen. Bei dem, was sie berichten, kommt es weniger darauf an, ob die Geschichte wahr ist – sie muß vor allen Dingen gut und noch besser erzählt sein. Den meisten täte man allerdings unrecht, wollte man ihnen einen Hang zum Lügen unterstellen, auch wenn es sicherlich Fälle von einem ausgeprägten »Münchhausen-Syndrom« gibt. Gerechter wird man ihnen, wenn man ihren gelegentlich toleranten Umgang mit der Wahrheit in die Rubrik »dichterische Freiheit« einordnet, liegt doch in der Regel keinerlei Betrugsabsicht vor.

Wir alle haben unsere kleinen Eitelkeiten, doch Menschen mit dieser Konstellation verkaufen sie mit Abstand am besten und am unterhaltsamsten. *Eitelkeiten*

Wer an diesen Tagen geboren wurde, will sich nicht mit Dingen auseinandersetzen, deren Nutzen er nicht begreift. Hierbei geht es allerdings weniger um praktische Anwendbarkeit als um den Sinn. Manche mögen der Alltag und die unkreativen Herausforderungen im Beruf in ihrer Banalität langweilen. Es ist natürlich verständlich und anerkennenswert, wenn jemand sich am liebsten nur mit erbaulichen Themen oder Aufgaben auseinandersetzen möchte. Da für die meisten von uns jedoch ein Großteil des Lebens aus Alltag besteht, sollten wir lernen, unserem alltäglichen Tun eine größere Bedeutung einzuräumen. Wenn wir verstehen, daß unser unbefriedigendes Einerlei Teil eines übergeordneten Ganzen ist, ohne das wir und unsere Mitmenschen nicht existieren könnten, sind wir in der Lage, auch diesen Lebensbereich als befriedigend und erfüllend zu erleben.

9. bis 11.12. (17 bis 19 Grad Schütze)

Menschen mit dieser Konstellation können selbst Unangenehmes oder Langweiliges so formulieren, daß es schön und interessant klingt. Fast immer sind sie in der Lage, sich so auszudrücken, daß sie von ihrem Gegenüber verstanden werden.

Diplomatie

Sie besitzen eine bemerkenswerte Fähigkeit zur Diplomatie, welche sie oft zu den besten Vermittlern überhaupt macht. Leider hat diese Stärke auch ihre Kehrseite: Sie können nur schwer nein sagen, unmißverständliche persönliche Meinungsäußerungen wird man von ihnen nur selten zu hören bekommen. So fällt es schwer, ihnen gerecht zu werden und ihre Wünsche zu erfüllen: Der andere kennt sie einfach nicht.

Diese Konstellation weist oft auf ein besonderes Sprachtalent und eine wohlklingende Stimme hin. Sowohl Dolmetscher, Sprecher, Übersetzer, Fremdsprachenkorrespondenten als auch in der Kosmetik- und Kunstbranche Tätige sind häufig an diesen Tagen geboren.

Gesellige Neigungen

Zudem bestehen häufig ausgeprägte gesellige Neigungen. Am liebsten verbringt man seine Zeit im Freundeskreis. Da diese Menschen im Umgang mit anderen ausgeglichen und harmoniebetont sind, kommt fast jeder gut mit ihnen aus, und sie können sich in allen Gesellschaftskreisen problemlos bewegen.

Ihre Art, sich freundlich und verbindlich zu geben, kann dazu führen, daß sie von man-

chen als profillos und langweilig eingeschätzt
werden. Andere glauben vielleicht sogar, sie
ausnutzen zu können. Menschen mit dieser
Konstellation mögen jedoch lediglich keine
unnötigen Auseinandersetzungen. Sollte ein
Streit jedoch wirklich einmal unvermeidlich
sein, so wehren sie sich ihrer Haut mit einer
Intensität, daß ihren Kritikern Hören und
Sehen vergeht.

In der Regel haben sie jedoch ein so feines
Gespür für die ihnen zusagende Umgebung,
daß sie ungeeignete Kontakte abbrechen und
sich neu orientieren, bevor es überhaupt zu
Spannungen kommt.

12. bis 14.12. (20 bis 22 Grad Schütze)

Menschen mit dieser Konstellation besitzen oft
die eigentümliche Gabe, auch die erfreulichste
Nachricht so zu formulieren, daß es sich wie
eine Katastrophe anhört. Dies ist ein Aspekt
ihres besonderen Humors, der allerdings nicht   *Humor*
von allen verstanden und geschätzt wird. Fast
immer besteht ein Hang zu ironisch-sarkasti-
schen Formulierungen, die man mit spitzer
Zunge zum besten gibt. Da diese Menschen generell die Neigung haben, in vielen Situationen
schneller zu sprechen als zu denken, sollten
Mäßigung und Zurückhaltung im Verbalen trainiert werden. Schließlich kann eine unbedach-
te Äußerung sehr viel mehr Schaden anrichten
als ein zu langes Schweigen.

Diese Menschen sind in den meisten Fällen
überdurchschnittlich sprachbegabt, was sie   *Sprach-*
sich, insbesondere bei ihrer Vorliebe für Ironie   *begabung*
und Sarkasmus, auch beruflich als Journali-

sten und Kommentatoren zunutze machen können. Der Hang zu scharfen Formulierungen ist im Beruflichen grundsätzlich am besten aufgehoben. Hier weiß der Leser oder Hörer Ironie und Sarkasmus sowie das eine oder andere doppeldeutige Bonmot zu schätzen. Im persönlichen Umfeld hingegen wird diese Neigung nur selten honoriert.

Analytisches Denken

Viele Menschen mit dieser Konstellation haben eine besondere Begabung für analytisches Denken, solange die Aufgabenstellung nicht allzuviel Ausdauer verlangt. Bei ihnen handelt es sich eher um intellektuelle Sprinter, die kurzfristig Höchstleistungen vollbringen können, danach jedoch erschöpft eine Pause brauchen.

Die Erfahrung, eigene Überzeugungen einem anderen nicht eindeutig mitteilen zu können, führt zu Selbstzweifeln und ohnmächtiger Wut, die sich in gelegentlichen cholerischen Ausbrüchen entladen kann. Lernaufgabe ist es hier, einen angemessenen Zugang zu den eigenen Aggressionen zu finden. Die ständigen Mißverständnisse zeigen, daß unbewußt eine Unterlegenheitshaltung eingenommen wird, da man immer noch Angst hat, für die eigene Stärke bestraft zu werden. Erst wenn alle Persönlichkeitsanteile verstanden haben, daß die Ohnmachtsituation der Kindheit und Jugend vorbei ist, wird man die eigenen Überzeugungen mit der gebotenen Deutlichkeit vertreten können.

15. bis 17.12. (23 bis 25 Grad Schütze)

Diese Menschen besitzen eine überdurchschnittlich ausgeprägte Neigung, Empfindungen zu intensivieren und zu verallgemeinern.

Auf alles, was als Einschränkung ihrer persönlichen Freiräume interpretiert werden kann, reagieren sie ausgesprochen empfindlich. So ist es verständlich, daß sie danach streben, sich eine Umgebung zu suchen oder zu schaffen, die das gesteigerte Bedürfnis nach emotionaler Expansion respektiert oder besser noch unterstützt und fördert. Bei Künstlern mag sich das in einem »Hofstaat« von Bewunderern zeigen, bei finanziell Wohlhabenden in der großherzigen Unterstützung von ärmeren Menschen, die man auf diesem Wege von sich abhängig macht. Es gibt unterschiedliche Möglichkeiten, sich eine Umgebung zu schaffen, die einem Freiräume ermöglicht, die andere nicht haben. Zur Ehrenrettung dieser Schütze-Geborenen muß allerdings gesagt werden, daß diese tatsächlich über ein umfangreicheres (nicht notwendigerweise besseres) Seelenleben verfügen als die meisten anderen Menschen. Können die vorhandenen Emotionen nicht ausgelebt werden, ergeben sich Verbitterung und seelische Erkrankungen bis hin zu Depressionen.

Empfindsamkeit

Diese Menschen lassen gern andere an ihrem Glück teilhaben; wenn es ihnen gutgeht, so ist es ihnen ein Bedürfnis, daß dies bei den Menschen in ihrer Umgebung ebenfalls der Fall ist, wofür sie im Rahmen ihrer Möglichkeiten auch häufig selbst Sorge tragen.

Die Fähigkeit, alle Aspekte des Lebens wie durch ein Vergrößerungsglas wahrzunehmen, bringt häufig eine gewisse Neigung zur Hypochondrie mit sich: Wenn man aus jeder Mücke einen Elefanten machen kann, dann wird aus harmlosen Kopfschmerzen nur allzuleicht ein Hirntumor, aus Bauchschmerzen eine Blind-

Hypochondrie

darmentzündung und einem gereizten Leber-
fleck Hautkrebs. Auch in der persönlichen Umgebung wird mancher zu Übertreibungen neigen und sich ein wenig großartiger darstellen,
als er in Wirklichkeit ist. Es soll nicht uner-
wähnt bleiben, daß der Hang zu Übertreibungen vor allem bei Karikaturisten, Komikern,
Pantomimen, Schauspielern und ähnlichen
Berufen von Vorteil ist.

18. bis 20.12. (26 bis 28 Grad Schütze)

Menschen mit dieser Konstellation haben
Schwierigkeiten, sich Wissen durch normales
Lernen zu erwerben. Insgeheim sehnen sie sich

Weisheit nach Weisheit und Erkenntnissen, die jenseits
des Alltagsverstandes liegen. Dieses Wissen befindet sich, wie sie ahnen oder gar intuitiv erkannt haben, in ihnen selbst. Es muß nicht erworben und geübt werden, es reicht aus, das
laute Tönen unseres Alltagsbewußtseins zum
Verstummen zu bringen, um das, was an Inhal-
ten jenseits der Form in uns ist, wahrnehmen
zu können.

So erfüllend der mythische Zugang zu inneren Wirklichkeiten sein kann, so nützt diese
Gabe doch wenig bei der Bewältigung einer
Fahrprüfung oder beim erfolgreichen Überque-
ren einer Straße.

Diese Konstellation kann auf eine ausgepräg-
Hyper- te Hypersensibilität hindeuten, die unter Um-
sensibilität ständen regelmäßig kommunikationslähmend
wirkt. Das Bestreben, so genau wie möglich das
in Worte zu kleiden, was man sagen möchte,
kann beim einen zu einem hilflosen Schweigen
führen, da es nicht gelingt, Formulierungen zu

finden, die den eigenen Ansprüchen genügen.
Bei anderen mag sich diese Problematik ins
scheinbare Gegenteil verkehren: Sie äußern
sich ausführlich bis endlos in der unbewußten
Hoffnung, mit einer ihrer Redewendungen mehr
oder weniger zufällig den Punkt zu treffen. In
beiden Fällen mag es für ein Gegenüber deshalb
ein wenig schwierig sein, ein unverbindlich-
freundliches Gespräch zu führen.

Während die einen aus dieser vermeintli-
chen Schwäche eine Stärke machen und in
charmantem und liebenswürdigem Ton aus-
dauernde sinnfreie Gespräche führen können
und dabei womöglich gar zu Partylöwen werden, bauen andere ihr hochdifferenziertes
Sprachempfinden immer weiter aus. Auch hier   *Sprach-*
ist, wie bei allen anderen Konstellationen, na-   *empfinden*
türlich das persönliche Entwicklungsniveau
entscheidend. Während der eine eine Vorliebe
für Wortspiele, Limericks und ähnliches empfinden mag, wird sich der andere in wachsen-
dem Maße für sprachlich komplexe Prosa und
Poesie interessieren.

Hochentwickelte Persönlichkeiten mit dieser
Konstellation sind in ihren Formulierungen mit
einem derartigen Geschick unbestimmt und
vage, daß der Gesprächspartner genau das her-
auszuhören vermeint, was er gern hören möchte, ohne daß es jedoch so gesagt wurde. Diese
Fähigkeit kommt Zauberkünstlern, Charmeu-
ren und Hochstaplern genauso zugute wie beispielsweise Firmen- und Regierungssprechern,
die die undankbare Aufgabe haben, sich vor
einer lauernden Journalistenschar zu einem
wichtigen Thema äußern zu müssen, ohne
dabei etwas Konkretes sagen zu dürfen.

Während manche die Fähigkeit zu suggestiven Worthülsen perfektionieren, entwickeln andere eine außerordentliche Wahrhaftigkeit, die jede Form von Selbstbetrug, Eitelkeit und Lüge demaskiert, ohne den anderen dabei bloßzustellen.

Auch einige der modernen Hofnarren, nämlich die Kabarettisten, weisen häufig diese Konstellation auf. Schließlich bringen sie das Kunststück fertig, daß diejenigen, die sie kritisieren, zufrieden lachend im Publikum sitzen.

21. bis 23.12.* (29 Grad Schütze bis 1 Grad Steinbock)

Viele Menschen, die an einem dieser Tage geboren wurden, haben ein besonderes Interesse an gesellschaftlichen und sozialen Themen. Sie denken deshalb häufig in politischen Dimensionen. Dies zeigt sich sowohl im Beruf als auch im privaten Bereich.

Gerechtigkeitssinn

Diese Konstellation ist meist ein deutliches Zeichen dafür, daß die in diesem Zeitraum Geborenen sich nur schwer mit der Ungerechtigkeit in der Welt abfinden können. Sie glauben fest an das Gute im Menschen und an die Möglichkeit, soziale Mißstände endgültig abzubauen. Sie engagieren sich deshalb für diese Ziele, indem sie zum Beispiel Berufe aus dem sozialen Bereich ergreifen oder mit anderen Mitteln soziale Projekte unterstützen.

---

* Da nicht alle Monate exakt dreißig Tage zählen, sind sie nicht immer eins zu eins mit den dreißig Graden des Tierkreiszeichens in Deckung zu bringen. Außerdem verschiebt sich der Beginn eines Zeichens jährlich ein wenig. Der 23.12., der nicht zum Schütze-Zeitraum gehört, steht hier für 1 Grad Steinbock.

Falls eine Beziehung zu den persönlichen Punkten im Horoskop besteht, insbesondere zu Aszendent oder Medium Coeli, so weist dies auf die Fähigkeit hin, aktuelles Zeitgeschehen durch die eigene Persönlichkeit und das, was sie hervorbringt, widerzuspiegeln. Das heißt, Menschen mit dieser Konstellation, die wie gesagt auch bei anderen Sonnenzeichen auftreten kann, sind mehr als alle anderen »Kinder ihrer Zeit«.

So wie zum Beispiel John Lennon in seinen Liedern, seinem Habitus und seiner äußeren Erscheinung der exemplarische Vertreter der Hippies war, als deren Sprachrohr er ja auch eine Zeitlang fungierte, so verkörperte etwa Marlene Dietrich das idealisierte Frauenbild der Kriegsgeneration.

John Lennon

Diese Konstellation bietet die Chance für ein ausgeglichenes Verhältnis zwischen Großzügigkeit und Verantwortungsgefühl den eigenen Reserven gegenüber. Die Betreffenden sind im Rahmen ihrer Möglichkeiten großherzig gegenüber allen, die ihre Unterstützung brauchen, aber sie versprechen nichts, was sie nicht halten können. In der Regel fühlen sie sich in der sozialen Umgebung, in der sie leben, recht wohl. Dementsprechend sehen sie auch keinen Grund, daran etwas zu ändern.

In manchen Fällen weist diese Konstellation die Gefahr einer Versorgungsmentalität auf. Gerade weil der Betreffende erwartet, daß sich die Gesellschaft um alles kümmert, verspürt er kaum Motivation, einen eigenen Beitrag zu leisten, sondern konzentriert sich darauf, soviel Vorteile wie möglich für sich selbst herauszuschlagen. Daß er hiermit letztlich

Versorgungsmentalität

auf Kosten anderer lebt, übersieht er dabei gern. Auch wenn eine derartige Einstellung glücklicherweise die Ausnahme ist, so schadet es doch nichts, gelegentlich darüber nachzudenken, daß es nicht allen in unserer *Gesellschaft* Gesellschaft gutgeht und daß jeder von uns letztlich mitverantwortlich ist. Wer sich immer dann nicht zuständig fühlt, wenn es darum geht, sozial Benachteiligten beizustehen, braucht sich nicht zu wundern, wenn er selbst einmal in einer schwierigen Situation nicht die Hilfe bekommt, die er bräuchte. In der Regel haben diese Menschen aber ein ausgeprägtes Gerechtigkeitsempfinden, das sie sogar geeignet macht, als Schlichter in Streitigkeiten zu vermitteln.

Welcher Mond-Typ ist der Schütze?

Jeder Mensch hat neben seinem Sonnen- auch ein Mondzeichen. Das Zeichen, in dem die Sonne steht, spiegelt unser Handeln wider, während das Mondzeichen Auskunft über unser Gefühlsleben gibt. Sie können also zum Beispiel ohne weiteres gleichzeitig Schütze(-Sonne) und Krebs(-Mond) sein.

Gefühls-leben

Gerade wenn Sie einigen Aussagen zum typischen Schützen gar nicht recht folgen können, sollten Sie einmal unter dem Mondzeichen des Betreffenden nachschauen. In vielen Fällen werden Sie hier die Erklärung finden, warum und in welcher Weise er sich von anderen Schützen unterscheidet.

Für eine individuelle Horoskopdeutung ist das Mondzeichen eigentlich noch wichtiger als das Sonnenzeichen. Der Grund, warum das Mondzeichen längst nicht so bekannt ist und dementsprechend auch nicht ausreichend gewürdigt wird, liegt wie gesagt einfach an einem technischen Problem: Während Sie Ihr Sonnenzeichen leicht über Ihr Geburtsdatum feststellen können, ist dies beim Mondzeichen nicht so einfach.

Individuelle Horoskop-deutung

Hier wurden bisher Spezialtabellen, sogenannte Ephemeriden, benötigt, oder man bediente sich eines Computerprogramms. Mit Hilfe der Tabelle im Anhang (»Die Bestimmung des Mondzeichens«) können Sie allerdings sehr leicht das persönliche Mondzeichen des Schützen feststellen.

Widdermond

Energisches Temperament

Die Kombination von Sonne im Schützen und Mond im Widder weist auf ein unschlagbar energisches Temperament hin, das mit der Fähigkeit verbunden ist, in fast allen wichtigen Lebenssituationen schnell und richtig zu handeln. Im allgemeinen besitzen diese Menschen ein ausgeglichenes und menschenfreundliches Temperament. Wenn sie allerdings einmal die Selbstbeherrschung verlieren, dann gründlich. Es gibt in diesem Fall kaum noch eine Möglichkeit, sie zu stoppen. Im Affekt werden dann manchmal Dinge gesagt und getan, die man später lieber ungeschehen machen würde. Zum Glück kommen solche Situationen nicht allzuoft vor.

Wer unter dieser Zeichenkombination geboren wurde, hat erkannt, daß er für sich und seine Handlungen selbst verantwortlich ist. Doch er weiß auch, daß er sich auf die Unterstützung von Freunden und Bekannten verlassen kann, wenn er diese wirklich benötigt. Umgekehrt können auch die Menschen in seiner Umgebung in schwierigen Situationen auf ihn zählen. Das macht den Umgang mit ihm in aller Regel angenehm, trotz seiner Ecken und Kanten, denn nichts ist ihm peinlicher, als anderen zur Last zu fallen. Nur selten werden Menschen mit dieser Konstellation andere für eigene Fehler verantwortlich machen, und so nehmen sie es auch gelassen hin, wenn Mitmenschen, die ihnen nicht allzu nahe stehen, über ihren Eigensinn hin und wieder den Kopf schütteln.

Eigenverantwortlichkeit

Schließlich ist es ihr Leben, und sie sind nicht auf der Welt, um es allen recht zu machen.

Die entwickelten Persönlichkeiten unter ihnen zeichnen sich durch besondere Hilfsbereitschaft aus, die sie nicht an die große Glocke hängen, sie erwarten auch keinen besonderen Dank dafür. Gerade in schweren Krisen fällt es ihnen selbst nicht leicht, Hilfe anzunehmen. Sie haben an sich den Anspruch, mit allen Problemen des Lebens aus eigener Kraft fertig zu werden, und sind deshalb oft zu stolz, andere um Rat oder gar um finanzielle Unterstützung zu bitten.

Hilfsbereitschaft

Kein Mensch kann ohne andere bestehen. Manche Widdermond-Geborene begehen den Fehler, sich immer und ausschließlich auf sich selbst zu verlassen, und übersehen dabei, daß sie keines ihrer Ziele ohne die Unterstützung und Mithilfe anderer erreichen können. Im Extremfall kann hier aus Unabhängigkeit sogar Ignoranz werden. Sie wollen keinen Rat akzeptieren, auch dann nicht, wenn er von wohlmeinender und berufener Stelle kommt.

In den meisten Fällen führen private und berufliche Krisen schließlich zu der Einsicht, daß ein Weiterkommen nur dann möglich ist, wenn das Wissen und Können anderer in das eigene Leben mit einbezogen wird. Gerade bei außergewöhnlich starken Persönlichkeiten kann es aber passieren, daß sie sich so lange ausschließlich auf sich selbst verlassen, bis sie sich in eine derart aussichtslose Lage manövriert haben, daß eine sinnvolle Lösung kaum noch möglich ist.

Die größte Herausforderung für Widdermond-Geborene ist zweifellos das Erlernen echter Begegnungsfähigkeit. Dies gilt beson-

Aufgaben

ders für solche mit einer Krebssonne. Fühlen und Handeln scheinen hier oft so widersprüchlich, daß man Schwierigkeiten hat, sich selbst zu verstehen. Um so schwerer fällt es dann, auf andere angemessen zuzugehen. Partnerschaft, Freundschaft und Familie können nicht mit dem gleichen Mißtrauen und Konkurrenzbewußtsein angegangen werden wie das übrige Leben. Hier gilt es, echte Offenheit und Vertrauen zu erlernen. Nur das Bemühen um diese Fähigkeiten schafft die Möglichkeit für ein zufriedenes und ausgeglichenes Leben.

Offenheit und Vertrauen

Für diese Menschen ist es eine echte Lernaufgabe, zu begreifen, daß es kein Zeichen der Schwäche ist, zuzugeben, wenn man einmal mit seinem Latein am Ende ist, im Gegenteil. Unbewußt haben sie Angst, aus ihrem Freundes- und Bekanntenkreis ausgeschlossen zu werden, wenn man ihnen anmerkt, daß sie Hilfe benötigen. Diese Sorge ist unbegründet. Die Menschen, die von ihnen immer wieder unterstützt wurden, werden sich freuen, wenn sie sich revanchieren können.

$$\text３\text３$$

Stiermond

Überlegtes Handeln

Bei dieser Konstellation sind unüberlegte und impulsive Handlungen selten. Kommt es dennoch zu emotionalen Ausbrüchen, sind diese jedoch besonders heftig. Das gilt in besonderem Maße, wenn die Sonne im Schützen steht. Es dauert gewöhnlich sehr, sehr lange, bis Stiermond-Geborene die Geduld verlieren. Wenn sie jedoch einmal der heilige Zorn erfaßt, sollte man sich schleunigst vor ihnen in Sicherheit bringen.

Stiermond-Geborene haben im allgemeinen ein gutes Verhältnis zum Geld. Wann immer es möglich ist, werden sie darauf achten, daß sie mehr einnehmen, als sie ausgeben. Deshalb gelingt es ihnen auch, sich in guten Zeiten nennenswerte Ersparnisse zurückzulegen. Bei manchen Stiermond-Geborenen mag die Sparsamkeit übertriebene Züge annehmen. Allerdings gibt es hier auch den Gegentyp. Bei diesem besteht häufig eine Tendenz zu riskanten Spekulationen und windigen Geschäften, die angeblich über Nacht riesige Gewinne bringen sollen. Solche Aktionen können sie sehr viel Lehrgeld kosten oder gar um ihr Vermögen bringen. Bei Schütze-Geborenen besteht ein erhöhtes Risiko, steckt doch in fast jedem von ihnen auch eine kleine Spielernatur, die es im Zaum zu halten gilt.

Geld

Wenn sie haben, was sie wollen, tun sie alles, um es nicht wieder zu verlieren, denn einmal erlangte Vorteile gilt es zu erhalten und zu mehren.

Die Praxis hat gezeigt, daß viele erfolgreiche Menschen, die mit Auslandsgeschäften zu tun haben (Reiseveranstalter, Import-Export-Kaufleute) diese Konstellation besitzen sowie Angehörige aller Berufe, die mit dem Verwalten oder dem An- und Verkauf von Grundbesitz zu tun haben.

Berufe

Wissen, das nicht konkret anwendbar ist, interessiert Stiermond-Geborene nur in den seltensten Fällen. Umgekehrt sind sie in der Lage, auch scheinbar völlig verkopfte Theorien oder Einstellungen in die Praxis umzusetzen.

Viele besitzen ein auffällig gutes Gedächtnis, das scheinbar jeden Eindruck, jeden Gedankengang archiviert und allzeit zum Abruf bereit hält.

Ihr Engagement für ihre Freunde, für die Familie und Bekannten ist in vielen Fällen beeindruckend. Vor allem für sozial Schwache und Gestrauchelte setzen sie sich ein, ohne dabei Rücksicht auf die öffentliche Meinung zu nehmen. Wenn es um Menschen oder Menschlichkeit geht, interessieren sie Ideologien und Dogmen überhaupt nicht mehr. Instinktiv ist ihnen der Unterschied zwischen persönlichen Ansichten und praktischen Notwendigkeiten bewußt. Inhumanes Verhalten oder sklavisches Festhalten an bürokratischen Vorschriften kommen bei ihnen nur in den seltensten Fällen vor. Ihre Fähigkeit, auf zerstrittene Parteien versöhnend einzuwirken, wird von den Menschen in ihrer Umgebung sehr geschätzt.

Soziales Engagement

Keine andere Mond-Konstellation weist so viel angeborene Sinnlichkeit und Genußfähigkeit auf wie diese. Essen, Trinken, geselliges Beisammensein und nicht zuletzt die Sexualität können intensiv genossen werden. Aus dieser lebensfrohen Einstellung zieht man die Kraft, um auch mit den schwierigen Situationen des Lebens zurechtzukommen.

Wenn auch nicht alle, so besitzen doch viele Stiermond-Geborene einen umwerfenden Humor, der meist bodenständig bis derb ist. Zumindest aber ist ein gewisser »Mutterwitz« vorhanden, der es diesen Menschen leichtmacht, Spannungssituationen die Spitze zu nehmen.

Humor

Der größte denkbare Hemmschuh für eine weiter gehende Persönlichkeitsentwicklung ist der Hang zum Opportunismus. Das eigene Fähnchen wird immer nach dem Wind ausgerichtet, der den größten Geldsegen verspricht, ohne sich dabei von moralischen oder ethischen Problemen allzusehr irritieren zu lassen. Als Konsequenz verlieren alle Dinge im Leben ihren persönlichen Wert, auch der größte materielle Erfolg kann nicht mehr befriedigen. Wer die Sonne im Krebs hat, läuft allerdings kaum Gefahr, dieser verhängnisvollen Versuchung zu erliegen. *Opportu-nismus*

Stiermond-Geborene sind wahrhafte Überlebenskünstler, deren Bodenständigkeit sie auch mit den schwierigsten Krisen im Leben zurechtkommen läßt. Es gelingt ihnen jedoch nur unter größten Anstrengungen, freiwillig Opfer zu bringen, auf etwas zu verzichten oder unter Umständen finanzielle Einbußen in Kauf zu nehmen.

Hier muß gelernt werden, daß auch geistige Werte kostbar sind, und zwar in vielen Fällen weitaus mehr als die materiellen. Erst wenn man sich moralische, ethische oder religiöse Prinzipien zu eigen gemacht hat, nach denen das Leben ausgerichtet werden kann, ist es möglich, materiellen Wohlstand wirklich zu schätzen.

Wer mit dem Mond im Tierkreiszeichen Stier geboren wurde, muß lernen, daß es in diesem Leben keine endgültige Sicherheit und keine absolute Gewißheit gibt. Nur so können Existenzängste überwunden und Lebensfreude sowie Genußfähigkeit voll entwickelt werden. *Aufgaben*

☽

Zwillingsmond

Gute Ver-
handlungs-
partner

Es gibt keine besseren Verhandlungspartner als Menschen mit dem Mond in den Zwillingen. Wenn Sie jemanden brauchen, der Ihnen hilft, einen anderen von einer Sache zu überzeugen, suchen Sie sich jemanden mit dieser Konstellation. Er kann Positionen glaubhafter vertreten, von denen er im Grunde nicht die geringste Ahnung hat, als mancher Experte.

Nichts macht einen Menschen mit dieser Konstellation glücklicher, als wenn er sich anderen mitteilen kann, sei es mündlich oder schriftlich. Da er mehr Gedanken zu vermitteln hat, als ein normales Gegenüber verkraften kann, schafft hier nur ein großer Freundeskreis oder ein passender Beruf Abhilfe. So nimmt es nicht wunder, daß viele mit dieser Konstellation erfolgreich und gern einer Lehrtätigkeit nachgehen.

Sportliche
Begabung

Die wenigen Zwillingsmond-Geborenen, die nicht zum Typus des Kommunikationsathleten gehören, verfügen oft über eine außerordentliche sportliche Begabung. Für diese Menschen ist regelmäßiges Training häufig die Voraussetzung für ihr seelisches und körperliches Gleichgewicht, da für ihre überschießende physische Energie und ihre permanente seelische Anspannung auf diese Weise ein Ausgleich geschaffen wird. Die Praxis hat gezeigt, daß Menschen mit dieser Konstellation oft an Allergien, insbesondere im Atemwegsbereich leiden, die durch einen solchen Ausgleich bis hin zur Beschwerdefreiheit gemildert werden können.

Vor allem bei Themen, die sie nicht unmittelbar persönlich betreffen, können sie außergewöhnlich unvoreingenommen das Für und Wider unterschiedlicher Standpunkte abwägen. Das macht sie zu beliebten Diskussionspartnern und ausgezeichneten Schlichtern in Auseinandersetzungen.

Schlichter

Die Gabe, in Wort und Schrift allgemeinverständlich und überzeugend sein zu können, wird von ihnen häufig als so selbstverständlich erlebt, daß sie dies – völlig zu Unrecht – oft überhaupt nicht mehr als persönlichen Vorzug empfinden.

Die Menschen mit Zwillingsmond und der Sonne im Schützen erfreuen sich in der Regel eines besonders intensiv gepflegten und zuverlässigen Freundeskreises, der oft internationales Flair hat. Sie haben häufig bis ins hohe Alter hinein eine jugendliche Ausstrahlung und überraschen ihre Umgebung durch spontane Einfälle und Vorschläge.

Sie lieben die Beweglichkeit, sei es im geistigen oder im körperlichen Bereich. Begeisterungsfähigkeit und Spontaneität gehören zu ihren sympathischsten Eigenschaften, die man bei ihnen auch keinesfalls unterdrücken sollte, da sie sonst mit Krankheit und Depression reagieren können.

Beweglichkeit

Viele Zwillingsmond-Geborene laufen Gefahr, ihr gesamtes Leben auf der Überholspur zu verbringen. Da bleibt kaum Zeit, sich mit jemandem oder etwas wirklich intensiver zu beschäftigen. Auch Fingerspitzengefühl und Rücksichtnahme müssen zurückstehen, wenn es um die Sache geht. Wer nicht gelernt hat, sich genügend Zeit für Freunde und Partner zu

nehmen, läuft Gefahr, oberflächlich und ge-
fühlskalt zu werden. Schütze-Sonne-Zwillinge-
Mond-Geborene müssen lernen, auf ihre In-
stinkte zu hören, damit sie diesen Tendenzen
rechtzeitig entgegensteuern.

Aufgaben

Die größte Herausforderung für Zwillingsmond-Geborene ist das Erlernen der Fähigkeit, aus ihrer immensen Vielseitigkeit echte
Toleranz zu entwickeln. Es erfordert wahrhaft
Größe, andere Ansichten als die eigenen wirklich gelten zu lassen und nicht nur gönner-
haft zu ertragen. Partnerschaft, Freundschaft
und Familie sollten nicht mit »wissenschaft-
lichem« Verstand angegangen werden. Hier
sind Weitsicht, Muße und Offenheit notwendig. Die Auseinandersetzung mit religiösen und weltanschaulichen Themen kann dabei außerordentlich nützlich sein. Denn nur
wer in seinem Leben einen tieferen Sinn er-
kennt, vermag auch wirklich »zu-frieden« zu
sein. Diese Menschen reagieren besonders
sensibel auf die Mondphasen, vor allem auf
den Vollmond. An solchen Tagen sollten ris-
kante Unternehmungen nach Möglichkeit ge-
mieden werden. Dazu gehören auch Operatio-
nen. Die Reaktion auf Alkohol, Medikamente
oder Drogen kann verändert sein.

Krebsmond

*Gutmütig-
keit*

Neben den Fischemond-Geborenen sind dies
die gutmütigsten Vertreter ihres Tierkreiszeichens. Solange Sie die Gefühle des Krebs-
monds nicht verletzen und er im Gegenzug die

Ihrigen nachvollziehen kann (und es gibt nur
wenig, wofür ein Krebsmond nicht Verständ- *Verständnis*
nis aufbringen könnte), wird er sich nicht einmal wehren, wenn sie ihm die Haare vom Kopf
fressen. Die größte Dummheit, die Sie begehen können, ist, ihn deshalb für einen naiven
Trottel zu halten. Sie müssen überhaupt
nichts tun, es reicht völlig aus, wenn Sie so
etwas denken: Er wird es merken. Und die Folgen für Sie sind meist furchtbar. Ehe Sie sich
versehen, hat er Sie an allen Ihren wunden
Punkten gleichzeitig getroffen, an allen, die
Sie schon kannten und sorgsam zu verstecken
suchten, und einigen mehr, von denen Sie bis
jetzt noch gar nichts wußten. Der Krebsmond
ist der Gefühlsseismograph unter den Tierkreiszeichen, keine seelische Regung in seiner
Umgebung entgeht ihm, und er merkt sie sich
alle.

Solange Sie seine Gefühle nicht verletzen,
haben Sie, wie gesagt, den gutmütigsten Menschen der Welt vor sich, andernfalls seziert er
Ihr Selbstwertgefühl wie ein Metzger ein Filet-
stück.

Allzusehr sollten Sie sich durch diese Darle-
gungen nicht erschrecken lassen, denn Krebsmond-Geborene sind nicht nachtragend. Sobald Sie Ihren Fehler eingesehen haben, sind
sie die ersten, die bereit sind, das Ganze zu
vergessen.

Wenn Sie einen solchen Menschen von
etwas überzeugen oder zu einer Sache überre-
den wollen, werden Sie mit den üblichen Ar-
gumenten eher wenig ausrichten. Falls er sich
nicht gerade in großen finanziellen Schwierigkeiten befindet, wird Geld allein ihn kaum

Motive

umstimmen können. Auch Prestige, sozialer Status oder Abenteuerlust werden für ihn nur selten bestimmende Motive sein. Wenn Sie jedoch glaubhaft machen können, daß andere ohne die Hilfe und Unterstützung des Krebsmondes aufgeschmissen wären, wird ihm ein »Nein« ausgesprochen schwer fallen. Sein soziales Gewissen ist viel zu ausgeprägt, als daß er leichten Herzens andere in der Patsche sitzenlassen könnte. Aber vergessen Sie niemals: Wenn Sie mit den Gefühlen eines Krebsmondes spielen, geht der Schuß fast immer nach hinten los!

Menschen mit dieser Konstellation sind häuslich: Die Geborgenheit in der Familie und der Schutz in den eigenen vier Wänden liegen ihnen ganz besonders am Herzen. Unter ihnen finden sich die besten Köche, die es überhaupt gibt. So sind sie denn auch bereit, alle Vorschläge genau zu prüfen und zu überdenken, die ihrer Familie nutzen oder ihre Wohnsituation entscheidend verbessern können.

*Einfüh-
lungs-
vermögen*

Krebsmond-Geborene sind in ihrer persönlichen und beruflichen Umgebung aufgrund ihres Einfühlungsvermögens oft außerordentlich beliebt, ohne daß sie darum viel Aufhebens machen würden. Im Gegenteil: Meist ist ihnen gar nicht bewußt, wie gut sie bei anderen ankommen. Mehr als andere Schützen neigen sie zu Selbstzweifeln, die sie jedoch in der Regel konstruktiv nutzen, um sich selbst immer wieder zu besonderen Leistungen zu motivieren. Mit Durchschnittlichkeit und Mittelmaß werden sie sich – bei sich selbst – niemals zufriedengeben. Sie neigen dazu, von sich selbst mehr zu verlangen als von anderen.

In dieser Hinsicht sind sie auch die idealen Vorgesetzten. Sie werden kaum zu denjenigen gehören, die während der Arbeitszeit Golf spielen gehen, während sie von ihren Mitarbeitern höchstes Engagement fordern. Typischer für sie ist, daß sie morgens als erste die Firma betreten, um sie abends als letzte zu verlassen. Das hat natürlich für die Mitarbeiter Vorbildfunktion und spornt sehr viel mehr an als etwa eine drohende Entlassung oder eine Gehaltskürzung. Aber auch als Mitarbeiter werden sie ihr Bestes geben und sich weit über das verlangte Maß für ihre Tätigkeit engagieren, wenn man ihnen die Möglichkeit gibt, sich mit ihrer Aufgabe, ihren Kollegen und dem Konzept des Betriebes zu identifizieren.

Niemand kann bei außergewöhnlicher Begabung so beliebt und populär sein wie ein Krebsmond-Geborener. Bei allen anderen Konstellationen ist Anerkennung mit Neid und »Volkstümlichkeit« mit einem Mangel an Niveau verknüpft. Daß dies hier anders ist, hängt vielleicht damit zusammen, daß jeder ihnen anmerkt, wie hart sie für ihren Erfolg gearbeitet haben und wie ehrlich sie sich über ihn freuen können. *Beliebtheit*

Boris Becker etwa löste mit seinem ersten Wimbledon-Sieg eine derartige Begeisterung aus, daß Tennis völlig unerwartet zum Volkssport wurde. Thomas Mann schuf mit den *Buddenbrooks* ein Stück Weltliteratur, als er gerade mal Anfang Zwanzig war. *Prominente Beispiele*

Claude Debussy ist neben Ravel der bedeutsamste impressionistische Komponist. Eine ähnliche Vorreiterrolle, wie sie Debussy in der klassischen Musik spielte, nahm Jimi Hendrix in der Popmusik ein. Niemals zuvor spielte jemand die »elektrische« Gitarre in einem solchen Maße als eigenständiges Instrument. Bei einem entsprechenden Entwicklungsniveau sind beim Krebsmond außergewöhnlicher Ehrgeiz und oft auch künstlerische Begabung vorhanden. Erfolg und Popularität sind das häufige Ergebnis besonderer Anstrengungen und immenser Kreativität.

Phantasie

Jede Fähigkeit ist auch eine Bürde: Wer über viel Phantasie und Kreativität verfügt, wird Schwierigkeiten haben, sich für langfristige Ziele zu entscheiden. Es fällt schwer, konsequent bei einer Sache zu bleiben, wenn wir ständig neue und interessante Ideen haben. In psychologischer Hinsicht sind Selbstdisziplin und schöpferische Begabung Gegensätze. Doch nur wer lernt, sich aus der Vielzahl seiner Wünsche und Möglichkeiten auf einige wesentliche Themen zu beschränken, kann Außergewöhnliches leisten. Nahezu alle erfolgreichen Krebsmond-Geborenen haben schon frühzeitig auf ein einziges Ziel hingearbeitet.

Löwemond

Die Verbindung vom Mond im Löwen und der Sonne im Schützen hat viele Vorzüge, die die darin Geborenen mit besonderen Fähigkeiten ausstatten. Oft sind sie besonders selbstbewußt, kreativ und emotional ausgeglichen. Sie lernen schneller und leichter als andere. Häufig besitzen sie eine besondere Sprachbegabung und fast immer kaufmännisches Talent.

Sprach-
begabung

Niemand kann so gut wie sie in einer Gruppe von Menschen unterschiedlichster Herkunft und verschiedenen Temperaments eine angenehme Atmosphäre schaffen. Es gibt kaum bessere Gastgeber als sie. Selbst der formellsten Veranstaltung können sie noch eine persönliche und menschliche Note geben. Das wissen sie selbst besser als alle anderen, und genau das ist ihr Problem: Unabhängig davon, wieviel Lob und Anerkennung man ihnen entgegenbringt, sie fühlen sich mißverstanden und unterbewertet. Zu Recht wollen sie für ihr Können und ihre Leistungen anerkannt und respektiert und nicht nur einfach »nett« gefunden werden. Hier können manchmal sogar Primadonnenallüren auftreten, womit sie in ihrer Umgebung auf Unverständnis stoßen.

Gute Gastgeber

Im Bereich der Gefühle reagieren sie immer heftig und intensiv, das gilt natürlich auch, wenn sie sich enttäuscht und verletzt fühlen, obwohl sie im Normalfall viel zu stolz sind, sich eine Kränkung anmerken zu lassen. In der Regel ist es dann Aufgabe des Partners, das angeschlagene Selbstwertgefühl wiederaufzubauen.

Dabei handelt es sich hier um ausgesprochen begeisterungsfähige Persönlichkeiten, die lediglich eine Aufgabe benötigen, für die sie sich mit all ihrer Kraft einsetzen können. Werden sie entsprechend gefordert, legt sich auch ihr Hang zur Unzufriedenheit, und sie sind zu außerordentlichen Leistungen fähig. Fast wie die Luft zum Atmen brauchen sie Herausforderungen, die sie zwingen, über sich selbst hinauszuwachsen. Ist dies der Fall, braucht man sich über ihr irritierbares Selbstwertgefühl keine

Begeisterungsfähigkeit

Sorgen mehr zu machen, schließlich stellen sie sich jetzt selbst ständig ihre Fähigkeiten unter Beweis und können die Ignoranz ihrer Umgebung entsprechend gelassener nehmen.

Warm-herzigkeit

Die meisten Menschen mit dieser Konstellation wirken ausgesprochen warmherzig und spendabel. Das führt allerdings oft zu peinlichen Mißverständnissen, da ihre grundsätzliche Freundlichkeit von ihrem Gegenüber wesentlich persönlicher genommen wird, als sie gemeint ist. Das heißt nichts anderes, als daß viele schnell dem Irrglauben erliegen, daß der Löwemond ein mehr als nur freundschaftliches Interesse an ihnen hat. So wiegt sich mancher in falscher Sicherheit, das Herz eines Sonne-Schütze-Löwe-Mond-Menschen für sich gewonnen zu haben, während dieser möglicherweise Probleme damit hat, sich auch nur an ihn zu erinnern. Glücklicherweise lernen die meisten im Laufe der Jahre ihre Wirkung auf ihre Umgebung angemessener einzuschätzen, so daß derartige, für beide Seiten peinliche Mißverständnisse seltener werden.

Was sie sich allerdings nur in den seltensten Fällen abgewöhnen können, ist die Neigung, ihre Umgebung, insbesondere natürlich Menschen, die ihnen am Herzen liegen, von den Dingen überzeugen zu wollen, die sie für sich selbst als hilfreich und nützlich erkannt haben. Dabei ist es unerheblich, ob es sich um eine neue Nachtcreme, eine bestimmte Gesundheitskur oder eine spezielle Musik-CD handelt. Von dieser Neigung lassen sie auch nicht durch die recht häufige und natürlich enttäuschende Erfahrung ab, daß die meisten Menschen ihre persönlichen Vorlieben nur bedingt teilen.

Löwemond-Persönlichkeiten zeichnen sich durch einen besonderen Lebenshunger aus, dem sie nachgehen, wann immer sich eine Möglichkeit dazu bietet. So gibt es kaum etwas Menschliches, das ihnen fremd ist, und falls doch, streben sie nach einer Gelegenheit, es so schnell wie möglich auszuprobieren.

Lebens-hunger

Keine andere Mond-Konstellation bietet die Chance zu einem so ausgeprägten Charisma wie diese. Insbesondere Damen mit dem Mond im Löwen können eine Anziehungskraft auf das andere Geschlecht ausüben, für die eine vernünftige Erklärung nicht mehr ausreichend ist. Allen ist das Bedürfnis gemeinsam, von ihrem Umfeld anerkannt und respektiert zu werden, auch gegen ein wenig Bewunderung haben sie selten etwas einzuwenden. Kein anderes Tierkreiszeichen besitzt so viel natürliche Autorität wie dieses, und entwickelte Persönlichkeiten werden diesem Anspruch auch gerecht. Solange man sie nicht in Frage stellt, setzen sie sich mit allen ihnen zur Verfügung stehenden Mitteln für ihre Mitmenschen ein, besonders für Kinder. Wenn sie es sich leisten können, sind sie die großzügigsten Gastgeber und freigebigsten Gönner, die man sich nur vorstellen kann.

Die größte Gefahr für Löwemond-Geborene ist ohne Zweifel ihre Eitelkeit und ihre Selbstbezogenheit. Dieses Risiko wird durch die Sonne im Schützen manchmal in eine skurrile Richtung geändert. Im ungünstigsten Fall werden sie zu einem sich in Selbstliebe verzehrenden Narziß, der keinerlei emotionale Beziehungen zu seinen Mitmenschen pflegen kann. Aus Großzügigkeit wird Neid und Geiz,

Selbst-bezogenheit

aus überschäumender Lebensfreude Verbitterung, aus Risikobereitschaft Selbstzerstörung. Kaum jemand kann und will sein ganzes Leben lang ausschließlich im Mittelpunkt stehen. So groß die Strahlkraft des einzelnen auch sein mag, es kommt doch der Tag, an dem andere den Platz einnehmen, den man für den eigenen hielt. So fällt es Löwemond-Geborenen besonders schwer, mit dem Nachlassen von Kräften und Fähigkeiten im allgemeinen und

Alter den Symptomen des Alterns im besonderen zurechtzukommen. Das Tierkreiszeichen, das Vitalität, Lebendigkeit sowie Lebensfreude schlechthin repräsentiert, bringt keine Menschen hervor, die sich mit dem Schwinden ihrer Energie so ohne weiteres abfinden können.

Es ist eine triviale, aber schmerzhafte Erkenntnis, daß wir alle einmal Jüngeren und Besseren Platz machen müssen. So ist es für Löwemond-Persönlichkeiten eine besondere Herausforderung, intensiv in der Gegenwart zu leben und gleichzeitig in Würde zu altern. Hier kann eine innere Reife entstehen, die ein noch größeres Feuer ausstrahlt, als es die Kraft der Jugend vermag.

☾

Jungfraumond

Schlag-
fertigkeit Wenn Sie einen Schütze-Menschen kennenlernen, der Sie durch eine auffallend schlagfertige Reaktion auf eine besonders ungewöhnliche Situation beeindruckt, und dieser Ihnen anschließend erklärt, das Ganze wäre weiter keine Kunst, schließlich hätte er sich schon

vor langer Zeit einen Plan zurechtgelegt, wie er
in einer solchen Lage reagieren würde, dann
kann es sich nur um einen Jungfraumond handeln (andernfalls steht der Mond im sechsten
Haus). Diese Menschen besitzen eine unbe-
grenzte kreative Phantasie, was die Bewältigung aller möglichen und unmöglichen Herausforderungen des Lebens angeht, und sie
verfügen über ein hervorragendes Gedächtnis.
So sind denn auch Planspiele ihre große Leidenschaft, unabhängig davon, ob sie Monopoly
spielen, alte Schlachten im Sandkasten nach-
stellen oder sich vor dem Einschlafen überlegen, wie sie ihren Chef von der längst überfäl-
ligen Gehaltserhöhung überzeugen können.

Kreative Phantasie

Manche Menschen haben jede Menge Ideen,
wie sich die Probleme des Alltags besser bewältigen ließen. Andere verfügen über praktischen Verstand sowie Handlungsenergie. Die
Sonne-Schütze-Mond-Jungfrau-Menschen besitzen beides in reichlichem Maße. Ihr großer
Vorteil ist dabei, daß sie ihre Möglichkeiten
meist realistisch einschätzen. Sie neigen weder
zu Größenwahn noch zu falscher Bescheiden-
heit. Und sie werden niemals versuchen, etwas
durchzusetzen, von dem sie nicht zutiefst
überzeugt sind, daß es einer guten Sache dient
oder ihnen einfach zusteht. Viele hervorragen-
de Händler und Spitzenverkäufer besitzen
diese Konstellation. Die einzige Bedingung für
ihren Erfolg ist, daß sie selbst von der Qualität
des Produktes überzeugt sein müssen.

Verkaufs-talent

Fast jeder kennt den beliebten Verkaufs-
trick, wenn ein Kunde unschlüssig ist. Der Verkäufer meint einfach: »Das Gerät ist das beste,
ich habe es selbst zu Hause.« Die meisten Käu-

Ehrlichkeit

fer lassen sich auf diese Weise überzeugen, unabhängig davon, ob der Verkäufer die Wahrheit gesagt hat oder nicht. Wenn Ihnen ein Jungfraumond-Geborener so etwas sagt, können Sie sicher sein: Es ist die Wahrheit. Und er wird Ihnen nicht nur auseinandersetzen, daß er dieses Gerät hat, sondern Ihnen aus dem Effeff sämtliche Vorteile gegenüber Konkurrenzprodukten auflisten können. Folgen Sie seiner Empfehlung, wird er sich innerlich für Sie freuen, wenn Sie den Laden verlassen, und sich nicht etwa ins Fäustchen lachen, wie geschickt er mal wieder einen naiven Kunden übers Ohr gehauen hat. Menschen mit dieser Konstellation sind also »ehrliche Makler«, und wer einmal auf ihren Rat gehört hat und gut damit gefahren ist, wird sich gern bei der nächsten Gelegenheit wieder an sie wenden.

Neben der häufig vorhandenen kaufmännischen Begabung kommen hier auch schriftstellerisches Talent sowie die Eignung für technische Berufe vor. Eine Reihe exzellenter Ingenieure und Architekten besitzen diese Konstellation.

Treue

In Partnerschaften sind diese Menschen treu und zuverlässig, solange sie das Gefühl haben, sich auf ihr Gegenüber blind verlassen zu können. Allerdings ist ihr Sinn für das Praktische der Romantik nicht eben förderlich. Man sollte nicht den Fehler begehen und jedes gemeinsame Ausgehen als »Investition in die Beziehung« betrachten und den Partner als »das beste Geschäft« ansehen, das man je gemacht hat. Kein Mensch mag es, wenn er wie eine Sache betrachtet wird, auch nicht, wenn es sich dabei um eine ausgesprochen gute Sache handelt.

Entwickelte Jungfraumond-Persönlichkeiten verfügen über eine außerordentliche emotionale Beweglichkeit und Reaktionsfähigkeit. Besonders Begabte sind hier zum Schriftsteller oder Schauspieler berufen, da niemand über eine genauere Beobachtungsgabe verfügt als sie. Die meisten der Jungfraumond-Geborenen können Entwicklungen voraussehen und auf sie reagieren, bevor andere diese auch nur erahnen können. Es gibt nicht viele, denen es gelingt, ihnen etwas vorzumachen. Keine andere Tierkreiszeichenposition des Mondes repräsentiert einen solch untrüglichen Sinn für das Machbare. Solche Persönlichkeiten verstehen es, aus jeder Situation das Beste herauszuholen. In Sachfragen, insbesondere natürlich in ihrem Spezialgebiet, sind sie oft so kompetent, daß ihre Meinung und ihr Rat auch von Gegnern ernst genommen und respektiert werden. Was ihnen möglicherweise an Kreativität fehlt, machen sie durch Effektivität mehr als wett.

Emotionale Beweglichkeit

Jungfraumond-Geborene besitzen die natürliche Fähigkeit, vorgegebene Situationen so gut wie möglich zu nutzen. Dabei besteht die Gefahr, sich mit unzumutbaren Umweltbedingungen zu arrangieren, ohne den Versuch zu unternehmen, diese zu verändern. Wer in einem Haus ohne Heizung lebt, sollte vielleicht nicht nur Yoga-Übungen machen, um die Kälte leichter ertragen zu können, sondern sich einen Ofen besorgen oder einfach umziehen. Anpassungskünstler übersehen manchmal, daß es Umstände gibt, mit denen man sich besser nicht arrangieren sollte.

Anpassungsfähigkeit

Die größte Herausforderung für Jungfraumond-Geborene ist das Erlernen der Fähigkeit, ein wenig offenherziger und verschwenderischer mit ihren Gefühlen zu werden. Allzuviel Sachlichkeit und praktischer Verstand machen auch Freundschaften und das Liebesleben zu einer eher trockenen Angelegenheit. Erst wenn wir gelernt haben, unseren Mitmenschen intensiv zu zeigen, was wir für sie empfinden, ist ein wirklich erfülltes Leben möglich.

Waagemond

Geselligkeit

Schütze-Geborene brauchen die Gesellschaft anderer. Wenn zusätzlich ihr Mond in der Waage steht, könnten sie allerdings Schwierigkeiten haben, auch nur einige Tage allein zu verbringen. So gern, wie sie sich ihre Eigenständigkeit beweisen, sind sie doch noch mehr von der Zustimmung anderer, insbesondere der des Partners, abhängig. Wer einen solchen Menschen fertigmachen will, muß ihn in seinem tiefverwurzelten Bedürfnis nach einer harmonischen und ästhetischen Umgebung frustrieren, und dieser wird völlig aus dem seelischen Gleichgewicht geraten. Die meisten Menschen mit dieser Konstellation sind hoch sensibel, und oft reicht es schon aus, sie beispielsweise wochenlang in einem nicht richtig eingerichteten Büro sitzen zu lassen, um sie ernsthaft in Schwierigkeiten zu bringen.

Da sie jedoch über außergewöhnlich viel Fingerspitzengefühl verfügen und auf andere Menschen offener, charmanter und diplomatischer als »normale« Schützen zugehen, kom-

men sie nur selten in eine Situation, in der
ihnen jemand ernsthaft Schwierigkeiten berei-
ten möchte. Im Gegenteil: Wann immer es um
Fragen des guten Geschmacks geht, hört man
gern ihren Rat und richtet sich danach.

Viele Menschen mit dieser Konstellation
sind im weitesten Sinne des Wortes in künstlerischen Berufen tätig. Ob es sich dabei nun *Berufe*
um die Arbeit eines Friseurs, einer Kosmetike-
rin, eines Modeschöpfers, einer Innenarchi-
tektin oder eines Designers handelt, in all diesen Berufen spiegeln sich das Bedürfnis und
die Fähigkeit wider, den Menschen und seine
Umgebung schöner und ansprechender zu ge-
stalten.

Kein Mondzeichen ist in seiner Handlungs-
fähigkeit so von einer geeigneten Partnerschaft abhängig wie dieses. Wenn ein ansonsten pünktlicher Mensch mit blassem Gesicht
zu spät zur Arbeit erscheint, wenn ein sonst
freundlicher und aufmerksamer Mitarbeiter
mit einemmal mürrisch und in sich gekehrt
ist: bei einem Waagemond können Sie davon
ausgehen, daß Liebeskummer und Partner-
schaftsprobleme dahinterstecken.

Insgesamt sind diese Menschen noch stim-
mungsabhängiger als andere Schützen, doch
macht sie das eher sympathischer, als daß daraus ernsthafte Probleme entstünden.

Waagemond-Menschen können als »Bezie- *»Bezie-*
hungsathleten« dieses Tierkreiszeichens be- *hungs-*
zeichnet werden. Keine andere Mond-Kon- *athleten«*
stellation ermöglicht eine solch ausgeprägte
Fähigkeit, sich mit anderen auseinander- und
zusammenzusetzen, wie diese. Es gibt kaum
etwas in seiner persönlichen Umgebung, das

einem Waagemond-Geborenen entgehen könnte. Sobald eine Sache oder ein Umstand mit
ihm und seiner Lebenssituation auch nur im
entferntesten zu tun haben könnte, interessiert es ihn auch unabhängig davon, wie fremd
oder ungewohnt dies sein mag. So lernte eine
Klientin mit dieser Konstellation zum Beispiel
Türkisch, um sich mit ihrer neuen Nachbarin
besser verständigen zu können.

Harmonie-
bedürfnis

Ihr außerordentliches Harmoniebedürfnis
gibt Waagemond-Geborenen den Antrieb und
die Fähigkeit, allem, was sie umgibt, insbesondere aber natürlich dem Partner, gerecht werden zu können. Sie wünschen sich aufrichtig,
andere zu verstehen, so wie sie auch selbst angenommen und verstanden werden möchten.
Es ist nicht einfach, mit einem entwickelten
Waagemond-Geborenen Streit zu bekommen,
da er in der Regel viel zu sehr versuchen wird,
Verständnis für den Standpunkt des anderen
aufzubringen.

Die größte Gefahr liegt darin, daß diese
Menschen ihre Fähigkeit, andere zu manipu-
lieren, vervollkommnen, während die eigene
Persönlichkeitsentwicklung auf der Strecke
bleibt. Insbesondere Frauen können schnell
dauerhaft Opfer ihrer erlernten Hilflosigkeit
werden, zumal dies in unserer Gesellschaft ja
auch noch unterstützt und gefördert wird. So
gilt beispielsweise eine Frau, die selbständig
einen Reifen wechseln kann, für viele immer
noch als unweiblich.

Aufgaben

Waagemond-Geborene müssen lernen, ihre
Wünsche auch unabhängig von anderen leben
zu können. Es fällt ihnen schwer, aufrichtig
stolz auf ihre persönlichen Leistungen und

Fähigkeiten zu sein, da sie dazu neigen, sich allzusehr über das Urteil anderer zu definieren. Echte Individualität kann nur erworben werden, wenn man auch konfliktfähig ist, also einem Streit oder einer Auseinandersetzung nicht um jeden Preis aus dem Weg geht. Wir müssen lernen, Standpunkte zu vertreten, die von anderen nicht geteilt oder sogar bekämpft werden. Es ist hilfreich zu wissen, daß wir, je mehr wir auf diese Weise zu eigenständigen Persönlichkeiten werden, von den Menschen, die uns etwas bedeuten, nicht verlassen werden, sondern diese noch stärker an uns binden. Wer gelernt hat, zu sich selbst zu stehen und sich von der Zustimmung anderer soweit wie möglich unabhängig zu machen, wirkt auf seine Mitmenschen wie ein Magnet auf Eisenfeilspäne.

Individualität

Skorpionmond

Wer mit dieser Konstellation geboren wurde, mußte meist schon frühzeitig lernen, daß in diesem Leben nur das wirklich zählt, was man sich selbst unter Anstrengungen und Schwierigkeiten erarbeitet hat. Dabei ist es unerheblich, ob dieser Mensch vordergründig betrachtet eine sogenannte leichte oder schwere Kindheit hatte. In jedem Fall wurde er schon zu einem sehr frühen Zeitpunkt mit den letzten Dingen, insbesondere dem Tod, konfrontiert. Auch wenn die meisten diese Erfahrung bald so verdrängt haben, daß jede bewußte Erinnerung daran fehlt, so macht sie sie doch

Existentielle Erfahrungen

ernsthafter und nachdenklicher als andere. Gerade in der Kindheit wurden sie von ihren Kameraden deshalb kaum verstanden, sie galten oft als altklug, grüblerisch oder »miesepetrig«. Im Erwachsenenalter legt sich diese Tendenz etwas, doch was bleibt, ist eine instinktive Abneigung gegen alles Oberflächliche. Eine für Schützen eher untypische Eigenschaft. Erleichtert wird diese Veranlagung durch ihre positive Lebenseinstellung und nie versiegende Hoffnung auf eine bessere Zukunft. Billige Vergnügungen sind ihnen ein Greuel, lieber lesen sie ein gutes Buch oder stürzen sich in ihre Arbeit. Das heißt nicht, daß sie etwas gegen Amüsement oder Unterhaltung hätten, nur legen sie hier eben ein wenig andere Maßstäbe an als die meisten Zeitgenossen.

Abneigung gegen Oberflächlichkeit

Es ist nicht leicht, ihr Vertrauen zu gewinnen, denn einmal erlittene Verletzungen vergessen sie niemals. Selbst wenn sie sich an das konkrete Ereignis nicht erinnern können, die daraus entstandene Verletzung prägt ihr Empfinden und ihr Gefühlsleben. So tun sie sich in Freundschaften und Partnerschaften am Anfang ein wenig schwer. Dabei können sie durchaus auf andere zugehen und die Initiative ergreifen, aber sie bleiben vorsichtig und versuchen sich gegen jede Enttäuschung zu schützen.

Loyalität

Wer jedoch einmal ihr Vertrauen gewonnen hat, kann mit uneingeschränkter Loyalität rechnen. Haben sie sich schließlich einmal auf jemanden eingelassen, würden sie sich im Sinne des Wortes für diesen Menschen totschlagen lassen, falls es notwendig sein sollte.

Keinesfalls verlangen sie das gleiche Engagement von ihren Freunden oder Partnern, wissen sie doch, daß sie vielleicht den guten Willen, aber nicht notwendigerweise die Charakterstärke für ein solches Ausmaß an Konsequenz besitzen.

Wenn sie sich jedoch verraten fühlen, zögern sie nicht, Menschen, die ihnen gestern noch sehr nahestanden, von heute auf morgen aus ihrem Leben zu werfen. Sie sind nicht für halbe Sachen zu haben – schon gar nicht in Gefühlsdingen.

So sind sie etwa bereit, sich für ihre Partnerschaften bis an den Rand der Selbstaufgabe einzusetzen und in Krisen nichts unversucht zu lassen, um ihre Beziehung zu retten. Sobald sie jedoch erkennen, daß sie verraten wurden oder daß man ihr Vertrauen mißbraucht hat, können sie den anderen fallenlassen wie eine heiße Kartoffel. Vielleicht bricht es ihnen das Herz – denn ihre Härte und die scheinbare Gleichgültigkeit im äußeren Umgang sagen nichts darüber aus, was in ihrem Inneren vor sich geht –, doch werden sie lieber vor Kummer eingehen, als bei einem Menschen zu Kreuze zu kriechen, der ihre Gefühle verraten hat. *Selbstaufgabe*

Es gibt kein Mondzeichen, das über so viel Willensstärke und Konsequenz verfügt wie dieses; was man sich einmal vorgenommen hat, führt man auch gegen größte Widerstände durch. Die unerreichten Stärken der Skorpionmond-Geborenen sind Leidenschaft und Ausdauer. An allem, an das sie sich emotional gebunden haben, halten sie auch fest. *Konsequenz*

Dies gilt für ihr Liebesleben wie auch für Hobbys oder berufliche Ziele. In Ausdauer und

Prominente
Beispiele

Ehrgeiz sind sie nur noch mit den Steinbock-Geborenen vergleichbar. Doch gehen sie bei der Verwirklichung eines Ideals im Extremfall bis hin zur Selbstzerstörung. Franz Beckenbauer, Charlie Chaplin, Liz Taylor oder Henry Miller haben bei allen Unterschieden doch die unbeirrbare Konsequenz gemeinsam, mit der sie sich aus einfachsten Verhältnissen bis an die absolute Weltspitze emporgearbeitet haben.

Außerdem verfügen sie sehr oft über ein ausgezeichnetes Gedächtnis, und die Lernfähigkeit bleibt bei aktiven Persönlichkeiten das gesamte Leben erhalten. Sie vergessen ihre Gefühle niemals, vor allem nicht, wenn ihnen jemand einmal aus einer Notlage geholfen hat. Derjenige kann sicher sein, daß Skorpionmond-Geborene keine Gelegenheit auslassen werden, um sich angemessen zu revanchieren.

Ihre außergewöhnliche Empfindungsfähigkeit läßt sie lediglich das zur Kenntnis nehmen, was sie auch wahrnehmen wollen. So können schwierige Zeiten besser überstanden werden. Unerfreuliches wird, wenn nötig, einfach ausgeblendet, als ob es nicht existierte.

Sie lassen sich weder auf Aufgaben noch auf Menschen allzu schnell und intensiv ein. Haben sie jedoch einmal wirklich Feuer gefangen, sind sie zu einer Leidenschaftlichkeit fähig, die keinerlei Kompromisse zuläßt.

Gefühlstiefe

Entwickelte Menschen mit dieser Konstellation verfügen oft über eine außerordentliche Gefühlstiefe, die sie in eine individuelle Symbolsprache übersetzen. Auf diese Weise erklärt sich auch ihr phänomenales Gedächtnis. Sie müssen sich nur daran erinnern, wie sie sich

in einer bestimmten Situation gefühlt haben,
schon fallen ihnen auch alle anderen Begleit-
umstände ein. Ihre Überzeugungen und Ideale
strahlen sie mit einer Intensität aus, daß
schwache Naturen aufpassen müssen, daß sie
sich nicht daran verbrennen. Ohne dogmatisch zu sein, sind sie doch in allen Gefühlsdingen klar und eindeutig. So weiß man
immer, woran man bei ihnen ist.

*Eindeutig-
keit*

Die Fähigkeit zur Eindeutigkeit ist sicherlich ausgesprochen beneidenswert. Allerdings
birgt sie auch die Gefahr in sich, einseitig zu
werden und stur an seinen Fehlern festzu-
halten. Nichts ist gefährlicher für Skorpionmond-Geborene als Intoleranz und Selbstge-
rechtigkeit.

Schützemond

Wer die Sonne und den Mond im Schützen stehen hat, gehört zu den echten Visionären und
unerschütterlichen Optimisten des Tierkreises, und diese Menschen weigern sich stand-
haft, auch nur einen Gedanken daran zu
verschwenden, daß es Probleme ohne eine Lösung geben könnte.

Visionäre

Es fällt ihnen leicht, große Zusammenhänge
zu erkennen, für die anderen Menschen einfach der Blick fehlt. Selbst schwierigste Erfahrungen in der Vergangenheit können sie nicht
davon abhalten, unerschütterlich an eine bessere Zukunft zu glauben, und sie tun im Rahmen ihrer Möglichkeiten alles, damit diese
auch eintritt.

Fast immer haben sie ein ausgeprägtes Interesse an philosophischen und religiösen Themen.

Ausland

Viele Menschen mit dieser Konstellation lieben Fernreisen oder haben sogar beruflich mit dem Ausland zu tun. Durch ihre ungewöhnliche Offenheit und Toleranz haben sie keinerlei Probleme, mit Menschen aus unterschiedlichsten Kulturkreisen zurechtzukommen, solange ihr Gegenüber im Gegenzug bereit ist, sie ebenfalls so zu akzeptieren, wie sie nun einmal sind.

Begeiste-rungs-fähigkeit

Bedingt durch ihre außerordentliche Begeisterungsfähigkeit neigen sie dazu, manchmal sich selbst und ihre Möglichkeiten zu überschätzen. Sie vergessen dann einfach, daß der Tag nur 24 Stunden hat und sie unmöglich all die Versprechungen einlösen können, die sie in ihrer Begeisterung und voll des besten Willens gegeben haben. So wirken sie oft auf andere für eine Weile faszinierend, während sie am Ende dann als Aufschneider dastehen, auf dessen Wort kein Verlaß ist. Derartige Erfahrungen kränken sie tief – trotz aller positiven Weltsicht –, schließlich haben sie es wirklich gut gemeint und wollten doch nur helfen. Die größte Herausforderung ist für sie deshalb, sich mit den Begrenzungen der Alltagswirklichkeit abzufinden. Dies fällt ihnen um so schwerer, als sie voller Begeisterung von einer besseren Welt träumen, von der sie in ihren optimistischsten Momenten genau zu wissen glauben, wie diese innerhalb kürzester Zeit herbeizuführen sei.

Der größte Fehler, den man begehen kann, ist, sie als weltfremde Träumer abzutun. Denn

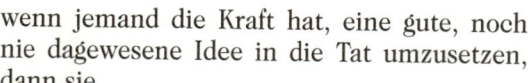

wenn jemand die Kraft hat, eine gute, noch nie dagewesene Idee in die Tat umzusetzen, dann sie.

Um in einem Bereich wirklich den Durchbruch zu schaffen, brauchen sie jedoch die Unterstützung ihres Freundes- und Bekanntenkreises. Nur wenn sie wissen, daß andere an sie glauben, sind sie auch in der Lage, Außergewöhnliches zu leisten, sei es im Beruf oder in irgendeinem anderen Lebensbereich. Fehlt ihnen die Unterstützung durch den Partner und die soziale Umwelt, können Begeisterung und optimistische Weltsicht von einem Moment zum nächsten in tiefe Depressionen umschlagen. Ihre Gefühle sind immer groß, sei es nun Freude oder Verzweiflung; mit Halbheiten geben sie sich nicht ab – und bei ihren Emotionen schon gar nicht. *Unterstützung*

Doch so schnell, wie sie in das tiefe Loch völliger Niedergeschlagenheit fallen können, so unvermittelt krabbeln sie auch wieder heraus, ohne daß man ihnen auch nur eine Blessur anmerken würde. Schließlich zählt für sie die Vergangenheit (fast) nichts und die Zukunft alles.

Menschen mit einem sparsameren Seelenleben fühlen sich durch den Schützemond oft emotional überfordert – sie sind diesem Ausmaß schnell wechselnder intensivster Emotionen und Ideen einfach nicht gewachsen und fühlen sich manchmal regelrecht erschlagen. Das macht auch für Partner und Lebensgefährten den Umgang mit einem Schützemond gelegentlich ein wenig schwierig. Aber dessen Lebensmut ist ansteckend. Denn es ist faszinierend, wie er sich diesem Leben trotz all *Lebensmut*

seiner Schwierigkeiten mit so viel Begeisterung stellt.

Auffällig ist ihr empfindsames Reagieren auf
die Mondphasen. Das gilt insbesondere für den
Vollmond, aber auch für den Neumond. In diesen Tagen sollten sie nach Möglichkeit Alkohol
meiden und keine besonders schwierigen oder
riskanten Dinge unternehmen.

))

Steinbockmond

Konven-
tionen

Schützen machen sich nicht allzuviel aus gesellschaftlichen Konventionen, diejenigen mit
einem Steinbockmond aber schon. Ihnen sind
öffentliche Anerkennung und Karriere wichtig. So ergeben sich Ehrgeiz und Zielstrebig-
keit fast schon zwangsläufig. Langfristige Planung ist für sie etwas Selbstverständliches,
und sie können geduldig warten, bis ihre Zeit
gekommen ist. Viele Menschen mit dieser
Konstellation nehmen langjährige Ausbildun-
gen und umfangreiche Schulungen in Kauf,
um einmal den gesellschaftlichen Status zu
erreichen, den sie anstreben. Immer wieder
aber hat die Schütze-Sonne mit ihrem Hang zu
übereilten Entscheidungen zu kämpfen. Oft ist
dann ein erheblicher Aufwand notwendig, um
solche Fehlentscheidungen wieder rückgängig
zu machen. Noch wichtiger als bei anderen
Seelischer Schützen ist dabei der seelische Beistand von
Beistand Freunden, damit sie am Ball bleiben.

Auffällig häufig ist hier ein Interesse an gesellschaftlichen, politischen und sozialen Fragen vorhanden, so daß oft auch ein Beruf aus

diesem Bereich gewählt wird. So haben zum Beispiel viele besonders fähige Juristen und Sozialarbeiter diese Konstellation.

Sie sind die mit Abstand sparsamsten Vertreter ihres Zeichens, Verschwendung, gleich in welcher Form, ist ihnen ein Greuel. Lieber drehen sie jeden Pfennig dreimal um, bevor sie ihr Geld für unnötige Anschaffungen ausgeben. Ihre Mitmenschen werden unter ihrem besonders sorgfältigen Umgang mit den Finanzen jedoch nur in den seltensten Fällen zu leiden haben. Im Gegenteil: Fast immer besitzen sie einige Rücklagen, und sie sind stets bereit, einem Freund, der in wirtschaftlichen Schwierigkeiten steckt, auszuhelfen.

Sparsamkeit

Eine ihrer herausragenden Eigenschaften ist ihr außergewöhnlicher Gerechtigkeitssinn. Von Fairneß halten sie sehr viel – so viel, daß sie auch bereit sind, für deren Durchsetzung persönliche Nachteile in Kauf zu nehmen. Einen Mangel an Konsequenz oder besonderen Egoismus wird ihnen deshalb kaum jemand vorwerfen können.

Nach außen wirken sie wie stabile, unkomplizierte sowie geradlinige Persönlichkeiten. Ihre oft vorhandene Unsicherheit in Gefühlsdingen merkt man ihnen schwerlich an.

Schließlich sind sie fast immer ordentlich, zuverlässig und systematisch. Das wird von ihrer Umgebung automatisch mit Selbstsicherheit gleichgesetzt. Außenstehende sind davon überzeugt, daß sie ihr Leben fest im Griff haben und immer genau wissen, wo es langgeht.

Zuverlässigkeit

Ihr Leben ist so gut wie immer von einem geregelten Tagesablauf geprägt. Dabei scheinen sie alles Zufällige und Unkalkulierbare aus ihrem Umfeld verbannen zu wollen. Unordnung und die Unwägbarkeiten des Lebens machen ihnen manchmal regelrecht angst.

Trend-gespür

Die herausragendste und einmalige Fähigkeit der Steinbockmond-Geborenen ist ihre unmittelbare seelische Ankopplung an gesellschaftliche Phänomene und Prozesse. So wird beispielsweise ein Boutiquebesitzer instinktiv wissen, welche Mode die Menschen im nächsten Sommer kaufen wollen, und sich entsprechend einrichten. Ein Buchhändler wird die kommenden Bestseller bereits vor ihrem Durchbruch auf Lager haben – und so weiter.

Prominente Beispiele

Das persönliche Empfinden ist einfach sehr stark angekoppelt an das, was gesellschaftliche Norm ist oder bald sein wird. Auch der NS-Propagandaminister Goebbels hatte diese Konstellation. Auf der anderen Seite setzte Papst Johannes XXIII. Maßstäbe, was die Aussöhnung der Menschen im allgemeinen und die der christlichen Kirche im besonderen anging. Der ehemalige Schauspieler Karlheinz Böhm leistet Vorbildliches und Bewundernswertes mit seiner Aktion »Menschen für Menschen« gegen Hunger und Armut in Äthiopien. Hemingway und Fassbinder schufen in ihrem jeweiligen Œuvre Zeitporträts von ungeschönter Präzision. Keiner karikierte meines Erachtens das deutsche und vor allem das bayrische Spießertum treffender als Karl Valentin, während für mich der Maler Max Ernst in seinem Genre den genauesten Spiegel des Zeitgeistes unseres Jahrhunderts schuf. Diese sehr unterschiedlichen Beispiele wurden ganz bewußt nebeneinandergesetzt: Allen gemeinsam ist die enge Verknüpfung mit gesellschaftlichen Prozessen. Niveau und Verwirklichungsbereich sind selbstverständlich sehr unterschiedlich.

Neben den Skorpionmond-Geborenen sind Steinbockmonde sicherlich die Menschen mit der größten Konsequenz und Ausdauer in der Verfolgung ihrer Ziele. Sie konzentrieren sich ausschließlich auf das Wesentliche und lassen sich durch nichts und niemanden von ihren Vorsätzen abbringen. *Ausdauer*

Da sie in ihrem Gefühlsleben ja gleichzeitig »auf der Welle der Zeit« schwimmen, wird es allerdings nicht allzu häufig vorkommen, daß ihnen ernsthaft Steine in die Wege gelegt werden. Selbst eine Marianne Bachmeier kam ja mit einer verblüffend milden Strafe davon, nicht zuletzt wohl deshalb, weil sich der größte Teil der Nation mit ihrem Verhalten identifizieren konnte.

Drei Bereiche, die eng miteinander zusammenhängen, können die persönliche Entwicklung der Steinbockmond-Geborenen blockieren: die Angst vor Gefühlen und emotionaler Geborgenheit, die Hemmung, sich Konflikten und unschönen Auseinandersetzungen zu stellen, und die genau aus diesem Grund vorhandene Neigung, allzu intensiven persönlichen Beziehungen aus dem Weg zu gehen. *Blockaden*

Die großen Dinge des Lebens sind für sie kein Problem, die kleinen aber schon. So kann einer ein Firmenimperium aufbauen, ohne jemals gelernt zu haben, Mitarbeiter angemessen zu kritisieren und umgekehrt auf deren Kritik einzugehen. Ein anderer mag ein herausragender Wissenschaftler sein, ohne die Zeit zu finden, eine Familie zu gründen. Alles, was mit echten persönlichen zwischenmenschlichen

Aufgaben

Beziehungen zu tun hat, ist für sie die größte Herausforderung überhaupt. Sich auf Menschen einzulassen, ohne daß es klare Spielregeln und Bedienungsanweisungen gibt, verunsichert die Steinbockmond-Geborenen mehr als alles andere – und es verschafft ihnen die größte Befriedigung, wenn es ihnen doch gelingt, über ihren Schatten zu springen.

Wassermannmond

*Individua-
listen*

Schützen sind Individualisten, die, die den Mond im Wassermann stehen haben, um so mehr. So können diese ausgeprägten Persönlichkeiten niemanden kaltlassen – entweder man liebt und bewundert sie, oder man hält sie für verschrobene Exzentriker, die sich hinter einer scheinbar harmlosen Fassade verstecken. In der Tat ist der Umgang mit ihnen nicht immer leicht: Dinge, die sie gestern noch begeistert haben, können ihnen heute völlig gleichgültig sein. Doch sprunghafte Stimmungswechsel und Einstellungsänderungen sind ihre Stärke und nur selten eine Schwäche. Denn immer sind sie auf der Suche nach dem Neuen, Außergewöhnlichen und Originellen. Alltägliches gibt es schließlich schon genug, und sie sind nicht auf dieser Welt, um sich mit Trivialitäten abzugeben. So haben denn auch viele Künstler und Lebenskünstler diese Konstellation. Da sie in hohem Maße von ihren Stimmungen abhängig sind und aus diesen auch ihre besondere Kreativität beziehen, können sich nur wenige an einen geregelten Tagesablauf gewöhnen. Das macht

ihnen die Arbeit in einem normalen Beruf natürlich nicht leicht, und wann immer möglich,
werden sie sich eine Tätigkeit wählen, die ihnen
größtmöglichen Freiraum in der Gestaltung ihrer Arbeitszeit läßt. So wichtig ihnen ihr persönlicher Freiraum auch ist, so liegt den höher-   *Freiraum*
entwickelten Persönlichkeiten doch viel daran,
sich diesen nicht auf Kosten anderer zu verschaffen. Sie möchten nicht nur einfach ihr
»eigenes Ding« machen, sie sind auch fast immer bestrebt, mit ihren originellen Fähigkeiten
die Welt oder doch zumindest ihre persönliche
Umgebung ein wenig menschlicher, bunter und
phantasievoller zu machen.

Oft besitzen Menschen mit einem Wasser-
mannmond ein ausgesprochen komisches Talent, das ihr Publikum auf eine unterhaltsame
Weise zum Nachdenken anregt. Sie verfügen
über die natürliche Gabe, sich über eine Situation zu stellen, Angriffe und Kritik an sich
abperlen zu lassen und so zu tun, als ob jemand ganz anderer gemeint wäre. In den meisten Fällen reicht das schon, um den Gegner
ins Leere laufen zu lassen.

Wer unter dieser Konstellation geboren wurde, für den ist nicht das Außergewöhnliche,
sondern der Alltag eine echte Herausforderung –   *Herausfor-*
zum Beispiel Rechnungen pünktlich zu bezah-   *derung*
len oder den Garten in Ordnung zu halten.

Fischemond

Wenn Sie einen Schützen kennen, aus dem Sie
auch nach langer Zeit und trotz ernsthaften

Bemühens einfach nicht schlau werden, ist die Wahrscheinlichkeit hoch, daß sein Mond in den Fischen steht. Das ist auch weiter kein Wunder, denn in der Regel sind diese Menschen sich selbst ein Rätsel. Und wenn sie sich selbst schon nicht begreifen, wie sollen es dann erst andere können?

Verständnis

Ihre Stärke ist, daß sie – darin sind sie den Schützemond-Geborenen ähnlich – für so ziemlich alles und jeden Verständnis aufbringen können, allerdings ohne daß sie deshalb immer mit allen Äußerungen einverstanden wären. Da sie gleichzeitig auch gute Zuhörer sind, fühlt sich ihr Gegenüber verstanden und kann selbst Kritik akzeptieren, ohne sich verletzt zu fühlen.

Ihre größte Schwierigkeit im Umgang mit sich selbst ist hingegen, daß sie im Leben immer wieder Phasen durchlaufen, in denen sie beim besten Willen nicht wissen, was sie wollen – das aber mit aller Macht. In solchen Perioden sind sie ruhelos, grüblerisch und mit sich und der Welt zutiefst unzufrieden. Wann immer es möglich ist, sollten sie in solchen Zeiten eine kreative Pause einlegen und sich an einen Ort zurückziehen, wo sie ungestört ihren Gedanken nachhängen können. Je mehr es ihnen gelingt, abzuschalten und sich von dem Zwang, immer etwas tun zu müssen, zu befreien, um so schneller werden sie ihre innere Klarheit zurückgewinnen. Voller neuer Ideen und mit frischem Elan kehren sie dann wieder in die Alltagswelt zurück.

Sensibilität

Überhaupt besitzen diese Menschen eine ganz außerordentliche Sensibilität in Verbindung mit einem scheinbar unerschöpflichen seelischen Energiereservoir. Mehr als andere neigen sie deshalb auch dazu, sich bis zur völligen Erschöpfung zu verausgaben. Schon allein aus diesem Grund sind regelmäßige Erholungsphasen und Rückzugsmöglichkeiten dringend notwendig.

Veraus-gabung

Höherentwickelten Persönlichkeiten ist – trotz der durchaus häufig vorhandenen Heimatliebe – jede Form von Stammtischpatriotismus fremd. Kulturelle und soziale Unterschiede sind ihnen nicht so wichtig, auch wenn sie die damit verbundenen Probleme im praktischen Leben durchaus sehen. Für sie persönlich zählen jedoch ausschließlich der Charakter eines Menschen und nicht seine Herkunft oder sein Bildungsgrad.

Zu Menschen, die ihnen nicht liegen, suchen sie eine höfliche Distanz, aus der jeder ungestört seine eigenen Wege gehen kann. Of-

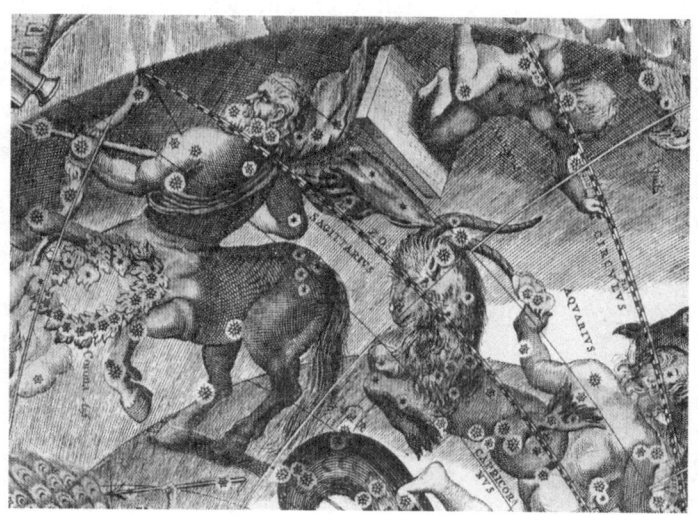

fenem Streit oder aggressiven Auseinandersetzungen stellen sie sich nur, wenn sich dies
überhaupt nicht vermeiden läßt. Das bedeutet
mitnichten, daß sie feige wären, doch in der
Regel sind sie einfach davon überzeugt, daß es
produktivere Möglichkeiten gibt, Meinungsverschiedenheiten auszutragen, als sich zu be-
kämpfen.

Phantasie   Neben der außergewöhnlichen Phantasie
und der so gut wie immer vorhandenen künstlerischen Begabung besitzen sie auch eine
starke Intuition. Kaum jemand versteht es
besser, zur richtigen Zeit am richtigen Ort zu
sein, als sie.

Die größte Schwierigkeit mit dieser Konstellation mag die Einsicht sein, daß es keinen
anderen Sinn im Leben gibt außer dem, den
wir ihm selbst geben. Da es für Fischemonde
keine verbindlichen Vorgaben gibt, an denen
sie sich orientieren und festhalten könnten,
müssen sie lernen, sich selbst die Welt zu »er-
schaffen«, in der sie leben wollen und können.
Der Fischemond bietet die größte Chance zur
Freiheit, aber er stellt auch die größte Herausforderung aller Mondzeichen dar.

Was kommt auf den Schützen zu?

Welcher Tag wofür geeignet ist

Ein wichtiger Bereich der Astrologie ist die Prognose, also die »Vorhersage« zukünftiger Ereignisse. Viele Astrologen machen keine Prognosen mehr, weil sie meinen, damit seriöser zu wirken und bei ihren Gegnern eher anerkannt zu werden. Ich habe allerdings den Verdacht, daß die meisten vor Zukunftsdeutungen zurückschrecken, weil sie es einfach nicht können. So versucht also mancher, aus der Not eine Tugend zu machen. Nützen tut dies niemandem. Kein Astrologiegegner läßt sich bekehren, weil manche Astrologen keine Prognosen mehr machen. Und wer die Dienste eines Astrologen beansprucht, möchte im allgemeinen doch etwas über seine Zukunft erfahren. Auch Meister der Astrologie geben zu, daß nicht jede Vorhersage exakt eintrifft. Das ist aber weder schlimm noch ein auf die Astrologie begrenztes Phänomen: Die Leistungen der modernen Meteorologie sind unbestritten, und dennoch kann es immer wieder passieren, daß man beispielsweise im Auto sitzt und den Wetterbericht hört, dem zufolge es besonders schön sein soll, während man die Scheibenwischer laufen läßt, weil es draußen in Strömen schüttet. Und es gibt viele Menschen, die gesund und munter sind, obwohl ihnen ein Arzt vor Jahren nur noch wenige Wochen Lebenserwartung prophezeit hat.

Prognose

Astrologen sind keine Wahrsager, und unfehlbar sind sie schon gar nicht. Diese Eigenschaften teilen sie mit den meisten anderen Menschen. Trotzdem ist die Bestimmung der Chancen und Risiken zukünftiger Ereignisse sinnvoll und nützlich. So mancher liebeskranke Jüngling würde viel darum geben, wenn er den Tag wüßte, an dem die Aussichten, bei seiner Angebeteten Gehör zu finden, am größten sind. Sicherlich würde er auch hinnehmen, daß er sich eventuell noch ein Weilchen gedulden muß. Um so mehr, wenn ihm bewußt ist, daß übereiltes Handeln alles verpatzen könnte oder seine Herzdame gar in die Arme eines anderen treibt.

Bestimmung der Chancen

Genau das kann die Astrologie leisten: zu bestimmen, wann Ihre Chancen, erfolgreich zu sein, besonders gut sind und wann man von etwas besser die Finger läßt. Dies ist sogar so einfach, daß man kein Experte sein muß, um günstige und kritische Tage zu bestimmen. Und so geht's:

Als erstes benötigen wir den Geburtstag des Menschen, für den wir die Prognose machen wollen. Nehmen wir als Beispieldatum den 10.4., das Geburtsjahr spielt keine Rolle.

6 Monate nach dem Geburtstag finden Sie den Begegnungszeitraum. Das ist in unserem Beispiel der 10.10. plus/minus 5 Tage, also vom 5. bis zum 15.10. Dies ist die günstigste Zeit im Jahr, um jemanden kennenzulernen, sich mit anderen auszusöhnen oder einfach etwas mit den Menschen zu unternehmen, die einem am meisten bedeuten. Je mehr Sie sich in diesen Tagen auf andere statt auf sich selbst konzentrieren, um so mehr werden Sie von dieser Zeit profitieren. *Die für Sie persönlich günstigsten Zeiträume finden Sie 4 und 8 Monate nach*

Begegnungszeitraum

dem Geburtstag. In unserem Beispiel wären dies also der 10.8. und der 10.12. Auch hier gilt wie in allen anderen Fällen ein Zeitraum von plus/minus 5 Tagen. Alles, was Sie jetzt beginnen, hat größere Chancen als sonst, zu einem erfolgreichen Ergebnis zu gelangen. Passieren wird in diesen Phasen allerdings nur selten etwas Außergewöhnliches. Hier gilt das englische Sprichwort: »No news is good news« (Keine [schlechten] Nachrichten sind gute Nachrichten). Diese Konstellation wirkt sich genau umgekehrt aus wie die 3 und 9 Monate nach dem Geburtstag.

Persönlich günstiger Zeitraum

Schließlich sollen noch zwei Zeiträume genannt werden, die besonders für berufliche und geschäftliche Reisen geeignet sind. Sie eignen sich auch bevorzugt für Verhandlungen und Gespräche, Veränderungen in der Wohnung oder am Haus sowie für das Zusammentreffen mit Freunden oder Geschäftspartnern. Die Daten sind 2 und 10 Monate nach dem Geburtstag. In unserem Beispiel wären das der 10.6. und der 10.2.

Beruf und Reise

Da sich diese Daten jedes Jahr wiederholen, genügt es, sie einmal zu berechnen und zu notieren. Wenn Sie die hier gemachten Aussagen mit den Ereignissen in Ihrer persönlichen Vergangenheit überprüfen, werden Sie mit Sicherheit feststellen, daß sich so häufig treffende Übereinstimmungen ergeben, daß schon böser Wille oder Ignoranz notwendig sind, um hier noch von »reinem Zufall« sprechen zu können. Eine besonders kritische Zeit, in der Sie besser keine wichtigen Entscheidungen treffen und an denen Sie nicht unnötig Riskantes unternehmen sollten, ist *3 Monate nach*

Kritische Zeit

dem Geburtstag. Da der April der 4. Monat im Jahr ist, rechnen wir einfach 4 + 3 und kommen so auf den 10.7. Die Zeit 5 Tage vor bis 5 Tage nach diesem Datum ist nun ein Zeitraum, während dessen besondere Vorsicht angebracht ist.

Die gleiche Konstellation gilt *9 Monate nach dem Geburtstag.* Bei unserem Beispieldatum wäre dies der 10.1., 4 + 9 = 13. Auch hier gilt wieder der Zeitraum plus/minus 5 Tage, somit der 5. bis 15.1.

Auf diese Weise haben Sie einfach und zuverlässig die beiden Zeiträume im Jahr bestimmt, in denen Sie besser nicht aktiv werden sollten, weil die Gefahr, Fehler zu machen, größer als sonst ist. Diese beiden Daten sind jedoch nicht durchweg problematisch, das gilt nur für das eigene Handeln und für Entscheidungen von großer Tragweite.

Positive Ereignisse Dafür sind die Chancen, daß Ihnen Positives widerfährt, höher als sonst. Das mag wie ein Widerspruch klingen, ist es aber nicht: In den genannten Zeiträumen hat schon mancher eine Gehaltserhöhung bekommen, oder er erhielt einen wichtigen Brief, auf den er schon lange gewartet hatte. Möglicherweise schenkt Ihnen jemand etwas, oder Sie finden einen verlorengegangenen Gegenstand wieder. All dies sind jedoch Vorgänge, die Sie nicht direkt beeinflussen können. Man erlebt sie als glückliche Zufälle oder als das Ergebnis von Aktivitäten, die schon zurückliegen. Je offener Sie sind, je mehr Sie bereit sind, in diesen Tagen die Dinge einfach auf sich zukommen zu lassen, um so größer ist die Chance, daß aus Unglückstagen Glückstage werden.

Genauere Aussagen lassen sich gewinnen, wenn Sie berücksichtigen, daß die Konstellationen in den meisten Fällen am stärksten am berechneten Datum bis 2 Tage danach »wirken«. In unserem Beispiel wären das also der 10. bis 12. in den jeweiligen Monaten.

Diese Aussagen lassen sich wiederum präzisieren, wenn Sie die im übernächsten Abschnitt beschriebenen persönlichen Glücks- und Unglückszahlen mit einbeziehen. Hierzu müssen Sie lediglich das Datum in eine ein- und eine zweistellige Zahl verwandeln. Greifen wir wieder auf unser Beispiel zurück und wählen den 10.10.1997. (Bei dieser Rechnung muß die Jahreszahl mit einbezogen werden.) Um zu einer ein- und einer zweistelligen Zahl zu gelangen, müssen Sie lediglich die Quersumme des Datums bilden, das heißt die einzelnen Ziffern addieren: 1 + 1 + 1 + 9 + 9 + 7 = 28; 2 + 8 = 10; 1 + 0 = 1. Der 10.10.1997 ergibt also zwei zweistellige und eine einstellige Zahl: 10, 28 und 1. Jetzt müssen Sie lediglich nachschauen, ob eine dieser Zahlen zu Ihren persönlichen Glücks- oder Unglücksdaten gehört. Da in unserem Beispiel der 10.10. der Stichtag des persönlichen Begegnungszeitraumes ist, ergeben sich folgende Deutungen:

Glücks-
und
Unglücks-
zahlen

◆ *Glückszahl:* deutlich erhöhte Wahrscheinlichkeit für positive zwischenmenschliche Kontakte und angenehme Erlebnisse im Partnerschaftsbereich;

◆ *Unglückszahl:* deutlich erhöhte Wahrscheinlichkeit für wichtige Erlebnisse im Begegnungsbereich, die jedoch nicht frei von Spannungen und Konflikten sein werden;

◆ *keine Zahl:* allgemein erhöhte Ereignis-
wahrscheinlichkeit im Begegnungsbereich,
die jedoch nicht annähernd so groß ist wie
die Auslösung durch Glücks- oder Unglückszahlen.

Wer es genau wissen möchte, berechnet die
Zahlen für den gesamten Ereigniszeitraum.
Diese Technik ist sehr einfach. Überprüfen
Sie einige Ereignisse der Vergangenheit, und
machen Sie sich ein eigenes Bild von ihrer
Treffsicherheit. Die besten Entsprechungen
werden Sie bei der Übereinstimmung mit persönlichen Unglücks- oder Glückszahlen finden, die auf den Stichtag plus/minus zwei Tage
fallen.

Was den Schützen im Lauf des Jahres erwartet

Wohl jeder würde gern wissen, was die nächste
Zukunft für ihn bereithält, erst recht, wenn er
sich für Astrologie interessiert. Um eine allge-
Vorhersage meine Übersicht zu erhalten, gibt es eine sehr
einfache und effektive Methode: Merken Sie
sich genau die Ereignisse am Tag vor Ihrem
Geburtstag, am Geburtstag selbst und einen
Tag nach dem Geburtstag. So, wie es Ihnen an
diesen Tagen im kleinen geht, so verläuft im
großen das darauffolgende Lebensjahr. Das
heißt, der Tag vor dem Geburtstag entspricht
dem ersten Jahresdrittel, der Geburtstag dem
zweiten und der Tag nach dem Geburtstag
dem dritten.

Ein Beispiel aus der Praxis: Ein junger Mann
fiel bei Reparaturarbeiten an seinem Haus

Der Astronomus.

So bin ich ein Astronomus/
Erkenn zukünfftig Finsternuß/
An Sonn und Mond/durch das Gestirn
Darauß kan ich denn practiciern/
Ob künfftig komm ein fruchtbar jar
Oder Theuwrung und Kriegßgefahr/
Und sonst manicherley Kranckheit/
Milesius den anfang geit.

Astronomus: Bild von Jost Amman und Vers von Hans Sachs aus »Eygentl. Beschreibung Aller Stände auff Erden«, Frankfurt 1568 einen Tag vor seinem Geburtstag von einer Leiter und verstauchte sich ein Fußgelenk. Am Geburtstag mußte er gegen seine ursprüngliche Absicht arbeiten, da ein Kollege krank geworden war. Als er später heimkam, um mit seiner Frau endlich zu feiern, war er so überreizt, daß es zum Streit kam und der ganze Abend verdorben war. Am darauffolgenden Tag sorgte er dafür, daß er früher als sonst *Beispiel* heim konnte. Er versöhnte sich mit seiner Frau, die beiden beschlossen spontan, den Abend nachzufeiern. Sie gingen aus und verstanden sich so gut wie schon lange nicht mehr. Der Streit war vergessen und begraben.

Zwei Monate später zog sich der junge Mann beim Skilaufen einen komplizierten Beinbruch zu, der ihn für sechs Monate arbeitsunfähig machte. Die ganze Zeit über war unklar, ob sein Bein wieder vollständig gesunden würde. Zusätzlich bedrückte ihn die Sorge um seinen Arbeitsplatz. Die erzwungene Untätigkeit und die Ungewißheit setzten ihm so zu, daß er phasenweise trank und das Verhältnis zu seiner Frau immer schlechter wurde. Im zweiten Jahresdrittel entlud sich die angespannte Situation in einem schlimmen Ehekrach. Nervlich am Ende und unter Alkoholeinfluß schlug er sogar seine Frau, was ihm sonst nie in den Sinn gekommen wäre. Noch am selben Abend zog diese zu einer Freundin. Der junge Mann verfiel jetzt kurzzeitig vollständig dem Alkohol. Er änderte seine Lebensweise jedoch radikal, als der Gips entfernt wurde und sich zeigte, daß sein Bein vollständig verheilt war. Er hatte nicht, wie befürchtet, seinen Arbeitsplatz verloren. Sofort stellte er seinen übermäßigen Alkoholkonsum ein. All dies gab ihm die Kraft, einzusehen, in welchem Maße er selbst zu der traurigen Entwicklung in seiner Ehe beigetragen hatte. Er bemühte sich darum, seine Frau zurückzugewinnen, was ihm auch schließlich gelang. Drei Monate vor seinem Geburtstag kam es zu einem ausgedehnten Treffen zwischen beiden, bei dem sie zum erstenmal offen über die Probleme in ihrer Ehe sprachen. Nach der Aussöhnung verstanden sich beide besser als je zuvor.

Zugegeben, nicht immer sind die Entsprechungen so offensichtlich wie in diesem Bilderbuchbeispiel. Aber glücklicherweise werden wir ja auch nicht jedes Lebensjahr von solch dramatischen Ereignissen gebeutelt. Wer sich die Mühe macht und die Ereignisse um vergangene Geburtstage mit denen der darauffolgenden Lebensjahre vergleicht, lernt schnell, diese Zusammenhänge zu sehen und zu verstehen. Mit ein wenig Kreativität können Sie dann auch Ihren letzten Geburtstag untersuchen und eine Prognose für das laufende Lebensjahr wagen. Wer es noch genauer wissen möchte, der sei auf den nachfolgenden Abschnitt verwiesen.

Zusammenhänge verstehen

Nur einen Fehler sollten Sie unbedingt vermeiden: Lassen Sie sich nicht ins Bockshorn jagen, Bangemachen gilt nicht. Verderben Sie sich nicht zukünftige Geburtstage durch die Angst vor jedem noch so kleinen Mißklang! Wer derartige Zusammenhänge zu ernsthaft und besorgt betrachtet, geht in die Falle lebensfeindlichen Aberglaubens. Das ist nicht der Sinn der Sache. Eine neugierig-humorvolle Herangehensweise ist hier sicherlich das beste Gegenmittel.

Aberglaube

Die persönlichen Glücks- und Unglückszahlen

Die Glückszahlen des Schützen sind wie bei den Fischen die 3 und die 12. Das gilt auch für alle Zahlen, die auf die Ziffer 3 enden, sowie deren Vielfaches. Das heißt, für Schützegeborene sind zum Beispiel das 3., das 12., das 15., das 36., das 42. und das 48. Lebensjahr von entscheidender Bedeutung, meist im positiven Sinne. Durch den neuen Herrscher des Schützen, Neptun, kommt noch die 13 hinzu. Für sie gilt sinngemäß das gleiche, was über die Jupiterzahlen 3 und 12 gesagt wurde.

Günstige Wer möchte, kann diese Entsprechungen
Tage auf die Tage eines Monats anwenden. Hier wären also der 3., der 12. und der 24. besonders günstig. Von noch größerem Vorteil ist es, wenn ein solches Datum auf einen Donnerstag fällt, weil Jupiter der Regent dieses Tages ist.

Eine darüber hinausgehende Steigerung ist möglich, wenn die Quersumme des untersuchten Datums ebenfalls 3 beträgt. Die Quersumme finden wir, wie gesagt, indem wir die Ziffern eines Datums einfach zusammenzählen. Beispiel: 3.1.1970 = 3 + 1 + 1 + 9 + 7 + 0 = 21. 2 + 1 = 3.

Natürlich läßt sich dieses Spiel auch anwenden auf Autonummern, Hausnummern oder die Zahlen, auf die man beim Roulette setzt. Allerdings kann man alles so übertreiben, daß aus einer guten Sache eine schlechte wird.

Unglücks- Die Unglückszahl des Schützen ist die 13.
zahlen Die Anwendungsregeln sind die gleichen wie bei den Glückszahlen. Auch hier sollte man

Übertreibungen vermeiden. Nur ein ausgesprochen dummer Schütze läßt sich etwa den Partner seiner Träume durch die Lappen gehen, weil dieser zum Zeitpunkt des Kennenlernens 26 Jahre alt war.

Der aufmerksame Leser wird bemerkt haben, daß es Zahlen geben muß, die gleichzeitig Glücks- und Unglückszahlen sind, zum Beispiel 39 (3 × 13). Hier ist anzumerken, daß die Quersumme immer bedeutsamer ist als die letzte Ziffer. Die letzte Ziffer wiederum ist dominanter als die Vielfachen. Die 39 ist hier also eher positiv zu werten, da die Quersumme 12 ergibt.

Zu guter Letzt in diesem Zusammenhang soll noch die Ergänzungs- oder Begegnungszahl erwähnt werden. Diese ist beim Schützen die 6. Alle Daten, die auf 6 enden und/oder die Quersumme 6 ergeben, sind für Begegnungen und zwischenmenschliche Kontakte aller Art besonders geeignet.

Ergänzungs- und Begegnungszahlen

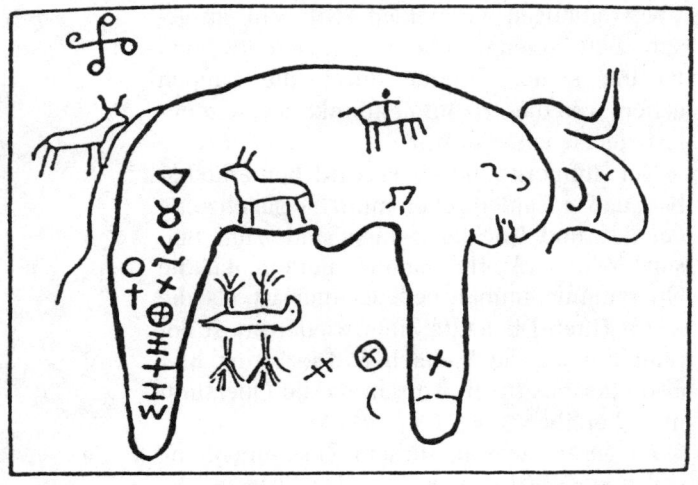

Die älteste bekannte Darstellung der Tierkreiszeichen
(ca. 10 000 v. Chr.).
Aus: L. Frobenius, H. Obermaier: Hadschra Maktouba (Kurt Wolf-
Verlag, München).

Der Schütze und sein Umfeld

Der Schütze und die anderen

Respektlos formuliert, sind viele Schützen ohne ihre Umgebung wie ein Pfarrer ohne seine Gemeinde. Das heißt nichts anderes, als daß ihr Leben durch die Beziehung zu ihren Mitmenschen erst einen richtigen Sinn bekommt. Damit ist nicht in erster Linie die Familie gemeint. Dies ist der Hort, der dem Schützen das Gefühl von Sicherheit und Halt gibt, doch was er braucht, ist eine Bühne, auf der er seinen selbstdarstellerischen Neigungen und Fähigkeiten nachgehen kann. Dieses Publikum sucht und findet er in einem Bekanntenkreis, der zwar manchmal zu klein, niemals aber zu groß sein kann. *Sinn*

Oft möchte er dies gern umgekehrt sehen: Schließlich ist er derjenige, der andere aufbaut, ihnen Trost spendet und Mut macht. Er ist derjenige, der für jede Frage eine Antwort und für jedes Problem eine Lösung hat. Damit hat er oft sogar mehr recht, als seinen Feinden lieb ist. Trotzdem bleibt es dabei, daß sein Selbstwertgefühl in hohem Maße von der Anerkennung seiner Mitmenschen abhängig ist. Schließlich ist der beste Ratschlag nichts wert, wenn niemand da ist, der ihn hören möchte.

Entwickelten Schütze-Persönlichkeiten ist dieser Zusammenhang auch durchaus bewußt, und sie werden mit großer Sorgfalt darauf achten, daß sie sich ihren Freundes- und Bekanntenkreis erhalten. Und so gut wie alle Schützen, die mit sich und ihrem Leben eini- *Freunde*

germaßen zurechtkommen, haben einen großen Bekanntenkreis. Zu ihren engen Freunden werden sie naturgemäß nur sehr wenige
zählen, und dies sind auch die einzigen Menschen, von denen sie sich klaglos Kritik gefal-

Kritik len lassen. Für alle anderen kann Kritik an der
Großartigkeit des Schützen zu einem abrup-
ten Ende des Kontaktes führen, ohne daß es
jemals eine Aussprache gegeben hätte. Die
Lücke, die ein solcher ehemaliger Bekannter
hinterläßt, wird durch einen »Nachrücker«
schnell geschlossen. Dies ist einer der Gründe,
warum der Bekanntenkreis eines Schützen
meist einer gewissen Dynamik unterliegt.

Der Gedankenaustausch und das Gespräch
über Gott und die Welt sind sein Lebenselixier,
es gibt nur weniges, was ihn noch mehr begeistern könnte. Wer dieses Interesse teilt, kann
mit einem Schützen schnell zahlreiche anre-
gende Stunden verbringen. Doch selbst bei Bekanntschaften, die schon mehrere Jahre beste-

Distan- hen, wird er Wert auf eine gewisse Distanz
ziertheit legen, die oft einen merkwürdigen Widerspruch
zu seiner gewinnenden und einnehmenden Art
darstellt. Eine einfache Erklärung für dieses
Verhalten ist das Bedürfnis vieler Schützen,
sich ausschließlich von ihrer Schokoladenseite
zu präsentieren. Sie wollen gern als bewun-
dernswerte, beeindruckende Persönlichkeiten
gelten, und sie haben oft Angst, daß die Kenntnis ihrer menschlichen Schwächen dieses Bild
zerstören könnte. Manche gehen so weit, daß
sie sich noch nicht einmal in echten Notlagen
an Freunde wenden würden, nur um nicht den
Nimbus zu zerstören, daß es kein Problem gibt,
für das sie nicht eine Lösung wüßten. In glück-

licherweise seltenen Extremfällen kann hierbei eine regelrechte Spaltung in Ausgeh- und Privatpersönlichkeit entstehen. Die Gefahr, in große psychische Schwierigkeiten zu geraten, ist dann am größten, wenn es gar keine engen Freundschaften gibt, in denen man sich ungeschminkt zeigen kann.

Schützen wirken auf ihre Umgebung ausgesprochen faszinierend; jeder, der mit ihnen in Berührung kommt, spürt ihren Charme und ihr Charisma, und viele möchten sich in der Ausstrahlung der Schützen sonnen. Gerade weil sie fast immer bereits über einen großen Bekannten- und Freundeskreis verfügen, können Schützen in der Auswahl ihres Umgangs wählerisch sein.

Charme und Charisma

Solange sie dabei nicht in die Falle der Überheblichkeit gehen, ist dagegen kaum etwas einzuwenden. Doch auch der optimistische Schütze sollte daran denken, daß auf gute Zeiten, in denen zahlreiche Kontakte aufgenommen werden, schlechte Zeiten folgen können, in denen er froh sein muß, wenn sich überhaupt jemand findet, der zu ihm hält. Zumindest in dieser Hinsicht geht es ihm nicht anders als allen anderen Menschen auch.

Wie kann's der Schütze mit den übrigen Tierkreiszeichen?

Entgegen der allgemein verbreiteten Meinung gibt es keine bestimmten Tierkreiszeichen, die generell gut zusammenpassen, während sich andere überhaupt nicht verstehen. Dies liegt nicht nur daran, daß unser Sonnenzeichen nur *ein* Aspekt unter vielen in unserem Horoskop ist. Entscheidend ist ganz einfach der gute Wille zweier Menschen: Ein Liebespaar, das glücklich verliebt ist, wird sich kaum darum scheren, ob es aus astrologischer Sicht miteinander harmoniert oder nicht. Umgekehrt können Menschen Todfeinde sein, die der Theorie nach doch gut zusammenpassen müßten. Dennoch sind allgemeine Hinweise sinnvoll und nützlich, um feststellen zu können, wo Stolpersteine im Umgang miteinander liegen können und wo es besondere Chancen gibt.

$$\nearrow - \gamma$$

Schütze – Widder

Vielversprechende Verbindung

Die Verbindung dieser Tierkreiszeichen ist besonders vielversprechend. So gut wie immer werden sich beide auf Anhieb verstehen. Der Schütze hat keine Probleme mit der manchmal ein wenig undiplomatischen Art des Widders. Das wird von diesem instinktiv wahrgenommen und läßt ihn sich offener äußern und mehr aus sich herausgehen, als er das normalerweise tut. Der Widder fühlt sich in der Gesellschaft des Schützen wohl, zumal sich dieser aufrichtig für das, was er zu erzählen hat, interessiert. Die Faszination liegt für den Schützen in der Direktheit und Vitalität des Widders. Dieser wiederum schätzt die Toleranz, Weltoffenheit und Gelassenheit des Schützen sowie dessen geistige Unabhängigkeit.

Mißklänge

Mißklänge können entstehen, wenn der Schütze von seinen Ansichten allzusehr überzeugt ist und meint, den Widder missionieren zu müssen. Trotz aller Faszination wird der

Widder hier schnell auf Abstand gehen, denn im (geistigen) Kielwasser eines anderen zu schwimmen war noch nie seine Sache. Umgekehrt wird sich der Schütze gelegentlich mit der rein pragmatischen Lebenssicht des Widders schwertun, der mit philosophischer Abgehobenheit nur wenig anfangen kann. Da die Gemeinsamkeiten überwiegen, werden solche Persönlichkeitsunterschiede nur selten zu einem ernsthaften Problem werden.

Der schier unerschöpfliche Ideen- und Phantasiereichtum des Schützen kann für ihn zu einer regelrechten Handlungsblockade führen, da es ihm bei seinen vielen Chancen und Möglichkeiten schwerfällt, eine Auswahl zu treffen und das Machbare dann auch in die Tat umzusetzen. Hier kann ihm die praktische Art des Widders von unschätzbarem Nutzen sein: Mit sicherem Instinkt läßt er sich von den Visionen des Schützen begeistern, wenn er spürt, daß sich diese auch verwirklichen lassen. Und während der Schütze noch mitten in seinen Ausführungen steckt, hat der Widder bereits begonnen, dessen Ideen in die Tat umzusetzen.

Möglichkeiten

Die Weitsicht des Schützen hingegen bewahrt den Widder vor unüberlegten und allzu riskanten Handlungen. Beiden gemeinsam ist die optimistische Lebenseinstellung und die Lust am Abenteuer. In geschäftlicher Zusammenarbeit kann dies ausgesprochen nützlich sein, insbesondere wenn es um innovative, kreative Projekte geht.

Aber auch in Liebesbeziehungen ist diese Konstellation außergewöhnlich erfolgversprechend. Dies gilt in besonderem Maße für Paare, die auch beruflich zusammenarbeiten oder ge-

meinsam sozial oder gesellschaftlich engagiert
sind.

♐ – ♉

Schütze – Stier

Fremdheit

Diese beiden Tierkreiszeichen sind sich – ähnlich wie die Schütze-Skorpion- und die Schütze-Jungfrau-Verbindung – so fremd, daß man
fast glauben könnte, sie kämen von verschiedenen Planeten. Dennoch ist die Hoffnung auf
eine harmonische Partnerschaft nicht aus-
sichtslos: Zum einen können andere Horoskopfaktoren, insbesondere Aszendent und
Mond, einen Ausgleich schaffen, zum anderen
kann eine Wesensfremdheit in günstigen Fällen das Interesse am anderen fördern.

Schützen sind Idealisten, sie weigern sich,
daran zu glauben, daß es nicht für jedes Problem eine friedliche und einvernehmliche Lösung gibt. Sie sind davon überzeugt, daß alles
nur eine Frage des guten Willens und der Toleranz ist. Diese Einstellung erscheint dem
Stier – wie dem Skorpion und der Jungfrau –
gelinde gesagt weltfremd, er kann darin bestenfalls eine schöne Utopie sehen, deren Verwirklichung noch Lichtjahre entfernt scheint.
Was beide Zeichen miteinander verbindet, ist
jedoch ihr tiefverwurzelter Gerechtigkeitssinn. Die Schützen sind nicht so unrealistisch
zu glauben, daß es in unserer Welt keine Unterdrückung, keine Diskriminierung oder
keine Benachteiligung von Schwachen gäbe.
Zwar sind sie davon überzeugt, daß mit Aufklärung und Verhandlungen diese Probleme

langfristig gelöst werden können, doch kann sich ein Stier ihrer Sympathie sicher sein, der seine Rechte verteidigt, auch wenn seine Wahl der Mittel nicht immer auf Verständnis stößt. Der Schütze hingegen kann vom Stier ein wenig mehr praktischen Realitätssinn erlernen, schließlich nützt der größte Optimismus nichts, wenn jemand gerade damit beschäftigt ist, einem die Geldbörse zu stehlen.

In Partnerschaften ist hier die größte Herausforderung gegenseitige Toleranz. Der Stier *Heraus-* braucht die Konfrontation, die direkte Auseinandersetzung, an der er sich reiben kann. Beim Schützen hat er jedoch keine Chance, dieser wird sich wohl kaum auf einen offenen Streit einlassen, und wenn, dann wird der Stier ihn verlieren, weil der Schütze ihm so gut wie immer rhetorisch überlegen ist. So wird dieser in den meisten Fällen dem Stier einfach recht geben und ihm kampflos das Terrain überlassen. Doch ein solches Ergebnis ist für den Stier unbefriedigend. Zwar hat er sich durchgesetzt, aber der Sieg schmeckt schal und kann nicht befriedigen. Der Schütze verwirklicht seine Interessen so geschickt, daß der Stier überhaupt nicht merkt, daß eine Auseinandersetzung *Auseinan-* stattgefunden hat. Unmerklich hat er sich die *dersetzung* Ansichten des Schütze-Partners zu eigen gemacht und vertritt nun dessen Meinungen voller Überzeugung als die eigenen. So hat der Stier nicht ganz zu Unrecht das Gefühl, er komme gegen den Schützen nicht an. Er fühlt sich dann schnell untergebuttert, ohne jedoch genau sagen zu können, was das eigentliche Problem ist. Doch zum Glück wissen Schützen ganz genau, daß für eine harmonische Partnerschaft beide

Seiten zufrieden sein müssen. Keiner darf das Gefühl haben, zu kurz zu kommen.

Die häufigste Lösung, die Stier-Schütze-Paare finden, liegt darin, daß der Stier sich Freunden gegenüber oder bei gemeinsamen gesellschaftlichen Unternehmungen nach Herzenslust in den Vordergrund spielen darf. Dies schafft oft *Ausgleich* einen fairen Ausgleich für seine Unterlegenheitsgefühle im Privatleben.

$$\nearrow - \mathrm{I\!I}$$

Schütze – Zwillinge

Wenn zwei Tierkreiszeichen wie füreinander geschaffen sind, dann diese. Der Zwilling als »Hansdampf in allen Gassen« sehnt sich nach einem leidenschaftlichen, toleranten und weitsichtigen Partner, der auch fähig ist, seine kleinen Schwächen zu durchschauen, ohne ihn dafür zu verurteilen. Der Schütze wünscht sich ein geistreiches und flexibles Gegenüber, das seinen visionären Höhenflügen folgen *Wahre* kann. Beide glauben fest daran, daß die wahre *Liebe* Liebe alle Hindernisse überwindet. Und für diese Konstellation ist das auch bestimmt richtig.

Mag sein, daß ihre Freunde und Bekannten über die beiden ungläubig den Kopf schütteln und sich fragen, was zwei so unterschiedliche Menschen nur aneinander finden können, der eine frech und rational, der andere visionär und philosophisch. Doch gilt für die beiden das Sprichwort »Gegensätze ziehen sich an« in uneingeschränktem Maße. Sie passen tatsächlich zusammen wie der Schlüssel und das Schloß.

So nimmt es auch nicht
wunder, daß hier Liebe auf
den ersten Blick öfter vorkommt als bei anderen
Tierkreiszeichen-Verbin-
dungen. Man kann sogar
sagen, daß sich solche
Paare entweder auf An-
hieb hervorragend verste-
hen oder gar nicht. Zwar
mag es aus verschiedenen
Gründen eine Weile dau-
ern, bis die beiden end-
gültig zueinanderfinden,
doch ist die Entscheidung
in Wahrheit schon beim
allerersten Zusammen-
treffen gefallen. Mag sein,
daß der Zwilling auf die
Eroberungsversuche eines
Schützen zunächst zu-
rückhaltend reagiert, doch

liegt dies nur in den seltensten Fällen daran, daß
er dessen Gefühle nicht erwidert. Im Gegenteil:
Er möchte sich davon überzeugen, daß er sich
der Gefühle des Schützen sicher sein kann. Die
umgekehrte Konstellation ist genausogut möglich, so daß sich die beiden in manchen Fällen
eine Weile umkreisen.

Echte Partnerschaften zwischen diesen Zeichen sind so gut wie immer ausgesprochen leidenschaftlich. Dies schließt natürlich Auseinandersetzungen, Streit und Eifersucht mit ein.
Doch das gefährdet die Beziehung keineswegs,
vielmehr intensiviert es die Gefühle füreinander noch.

*Leiden-
schaft*

Am besten verstehen sich die beiden, wenn sie miteinander allein sind. Nur selten wird sich der Freundeskreis des Zwillinge-Partners mit dem des Schützen verstehen und umgekehrt, dafür sind die beiden – aus der Sicht Außenstehender – einfach zu verschieden. Doch das ist weiter kein Problem, da die beiden ihre gemeinsame Zeit so intensiv wie möglich nutzen möchten, und da wären Dritte nur störend.

Freunde   Im Laufe der Jahre schafft sich das Paar gemeinsam einen neuen Freundeskreis, doch ist es für eine harmonische Partnerschaft auch wichtig, daß keiner der beiden seine alten Bekanntschaften aufgibt. Das verhindert, daß sich die zwei zu sehr aneinander anpassen. Auf diese Weise kann eine Beziehung noch nach vielen Jahren so intensiv und temperamentvoll wie am Anfang sein.

$$\text{♐} - \text{♋}$$

Schütze – Krebs

Diese Tierkreiszeichen sind so verschieden, daß man fast glauben könnte, sie kämen aus verschiedenen Welten. Dennoch stehen die Chancen für eine gute Partnerschaft nicht schlecht: Zum einen können andere Horoskopfaktoren, insbesondere Aszendent und Mond, einen Ausgleich schaffen, zum anderen kann Wesensfremdheit in günstigen Fällen das Interesse am anderen fördern.

Unter-   Schützen sind wie gesagt Idealisten, sie wei-
schiede   gern sich, daran zu glauben, daß es nicht für jedes Problem eine friedliche und einvernehmliche Lösung gibt. Sie sind davon über-

zeugt, daß alles nur eine Frage des guten Willens und der Toleranz ist. Diesen Gedanken
findet der Krebs sehr sympathisch, wenn auch
ein wenig zu optimistisch. Krebse sind so sensibel, daß sie gelegentlich mit Depressionen
reagieren. Was beide Zeichen miteinander verbindet, ist jedoch ihr Glaube an die Toleranz
und ihre Abneigung gegen alles Kleinkarierte.

In Partnerschaften ist trotzdem oder gerade
deswegen die größte Herausforderung die gegenseitige Toleranz. Der Schütze muß andere *Toleranz*
überzeugen und begeistern dürfen, um sich in
seiner Haut wohl zu fühlen. Der Krebs findet
ein solches Verhalten ein wenig übertrieben,
und fremde Leute hat er auch nicht allzugern
in seiner Wohnung.

So unterschiedlich diese beiden Tierkreiszeichen auch sein mögen, gemeinsam sind
ihnen ihr Eigensinn, ihre Starrköpfigkeit wie
auch ihre Abneigung, vor dem Partner Fehler
zuzugeben. Außenstehende mögen sich kopf-
schüttelnd fragen, wie ein solches Paar es fer-
tigbringt, selbst über Nebensächlichkeiten
stundenlang zu debattieren, um dann endlich
einen Kompromiß zu finden, der beiden recht
gibt und keinen das Gesicht verlieren läßt.

In Freundschaften und Geschäftsbeziehun-
gen kommt die Motivation, die schwierige An- *Motivation*
fangsphase meistern zu wollen, tatsächlich häufig aus der bewußten oder unbewußten Einsicht,
daß sich dies für beide Seiten früher oder später
lohnen wird. In Liebesbeziehungen ist es oft
eine außergewöhnlich starke, eigentümliche
und sehr persönliche erotische Anziehung, welche die großen Temperamentsunterschiede vergessen läßt und vielen Auseinandersetzungen

die Spitze nimmt. In Verbindungen, die diese
Phase heil überstehen, haben beide Partner gelernt, den anderen so zu nehmen, wie er ist, und
die völlig unterschiedliche Persönlichkeit des
anderen als Bereicherung aufzufassen.

$$\nearrow - \Omega$$

Schütze – Löwe

In vielen Büchern über Tierkreiszeichen wird
diese Beziehung als besonders günstig beschrie-
ben. Dies gilt leider nur mit Einschränkungen:
Der Löwe möchte fast immer dominieren und
der Boß sein. Löwen, die keinen gesunden
Drang zum Herrschen haben, tarnen sich entweder besonders raffiniert, oder aber sie sind
seelisch schwer angeschlagen und brauchen unbedingt jemanden, der ihr Selbstwertgefühl aufbaut. Für beides ist der Schütze nur begrenzt zu
haben. Schließlich legt er viel Wert auf seine
Unabhängigkeit, er mag sich weder beherrschen
lassen noch seinen Partner päppeln müssen.

Respekt Allerdings besitzen beide Zeichen einen
natürlichen Respekt voreinander, der sich besonders positiv in geschäftlichen und rein
freundschaftlichen Verbindungen zeigt. Keiner
überschreitet die Grenzen des anderen, und
die üblichen Machtspielchen bleiben aus. Gerade wenn es »nur« um freundschaftliche Kontakte geht, ist fast immer gegenseitige Sympathie vorhanden.

Leiden- In Liebesbeziehungen ist besonders in der
schaft Anfangsphase eine starke leidenschaftliche
Sexualität wahrscheinlich, die Meinungsverschiedenheiten schnell vergessen läßt. Paare,

denen es gelingt, sich diese Leidenschaftlichkeit zu erhalten, werden sicherlich auch in der
Lage sein, mit allen übrigen Herausforderungen des Lebens gemeinsam fertig zu werden.
Anderen wird es gelingen, die sexuelle Anziehung um den Aspekt einer Herzensbindung zu
erweitern. Auch diese Paare haben die denkbar besten Aussichten für eine glückliche gemeinsame Zukunft.

Beziehungen allerdings, die ohne besondere
Leidenschaftlichkeit ihren Anfang nahmen,
werden auch wenig Aussicht haben, sich zu
einer harmonischen und tragfähigen Partnerschaft zu entwickeln. Die Gefahr, sich freund- *Gefahr*
lich auseinanderzuleben, bevor man überhaupt
zueinandergefunden hat, ist groß. Manches
Paar verbringt dann ein ganzes Leben damit,
friedlich nebeneinanderher zu leben und sich
miteinander zu Tode zu langweilen. Aktivitäten
außerhalb der Beziehung müssen dann für die
nötigen »Kicks« sorgen, so daß von einer echten Partnerschaft im eigentlichen Sinne des
Wortes dann kaum mehr gesprochen werden
kann. Am erfolgversprechendsten sind Beziehungen, in denen beide zusammenarbeiten
oder intensiv gemeinsame Interessen verfolgen.

♐ – ♍

Schütze – Jungfrau

Diese beiden Tierkreiszeichen sind – ähnlich
wie die Schütze-Skorpion-Verbindung – eher
gegensätzlich. Dennoch sind die Chancen für *Gegensätz-*
eine harmonische Partnerschaft nicht schlecht: *lichkeit*
Zum einen können andere Horoskopfaktoren,

insbesondere Aszendent und Mond, einen Ausgleich schaffen, zum anderen kann Wesensfremdheit in günstigen Fällen das Interesse am anderen fördern.

Schützen sind wie gesagt Idealisten, sie weigern sich, daran zu glauben, daß es nicht für jedes Problem eine friedliche und einvernehmliche Lösung gibt. Sie sind davon überzeugt, daß alles nur eine Frage des guten Willens und der Toleranz ist. Diese Einstellung erscheint der Jungfrau ein wenig weltfremd, sie kann darin – wie der Stier und der Skorpion – bestenfalls eine schöne Utopie sehen, deren Verwirklichung noch Lichtjahre entfernt scheint.

Gerechtig-keitssinn

Was beide Zeichen miteinander verbindet, ist jedoch ihr tiefverwurzelter Gerechtigkeitssinn. Die Schützen sind nicht so unrealistisch, zu glauben, daß es in unserer Welt keine Unterdrückung, keine Diskriminierung oder keine Benachteiligung von Schwachen gäbe. Zwar sind sie davon überzeugt, daß mit Aufklärung und Verhandlungen diese Probleme langfristig gelöst werden können, doch kann sich eine Jungfrau ihrer Sympathie sicher sein, wenn sie die Rechte anderer verteidigt, auch wenn der Schütze mit der Wahl der Mittel nicht immer einverstanden ist. Der Schütze hingegen kann von der Jungfrau ein wenig mehr praktischen Realitätssinn erlernen, schließlich nützt der größte Optimismus nichts, wenn jemand gerade damit beschäftigt ist, einem die Geldbörse zu stehlen.

Toleranz

In Partnerschaften ist hier die größte Herausforderung gegenseitige Toleranz.

Schützen unterliegen häufig dem Irrtum, sich der Jungfrau gegenüber überlegen zu fühlen, da diese ihnen ein wenig langsam und hausbacken vorkommt. Es braucht eine Weile, bis sie merken, daß sie selbst vielleicht schneller handeln, aber nicht unbedingt erfolgreicher. Der Schütze-Partner muß lernen, für eine tragfähige Beziehung seinen Hang zur Selbstgefälligkeit zu überwinden, um unnötige und belastende Auseinandersetzungen zu vermeiden. Insbesondere in der Anfangszeit hat die Jungfrau oft die Tendenz, den Schützen regelrecht anzuhimmeln, kommt er ihr doch viel weltgewandter, eleganter und moderner vor, als sie sich selbst sieht. Die Jungfrau merkt allerdings sehr schnell den Hang des Schützen zur Übertreibung. Jungfrauen, die sich hier zu lange blenden ließen, ziehen sich manchmal enttäuscht und verbittert zurück.

Wenn beide fähig und willens sind, diese Klippen zu umschiffen, können sich Pragmatik und geistige Beweglichkeit, Eleganz und Gründlichkeit auf faszinierende Weise ergänzen. Der *Ergänzung* Weg zu einer tragfähigen Beziehung ist dabei nicht einfach. Doch ist dies gelungen, können die beiden regelrecht Berge versetzen.

Schütze – Waage

Diese Zeichen harmonieren meist ausgesprochen gut miteinander. Der vor originellen Ideen *Harmonie* strotzende Schütze wird keine Probleme damit haben, die Waage mit Anregungen zu versorgen. Der Schütze wiederum wird vom harmonisierenden Temperament der Waage profitieren und so einen Ausgleich für sein manchmal ein

Ideale
Ergänzung

wenig überspanntes Nervensystem finden. Diese Zeichen ergänzen sich daher nahezu ideal. Das heißt nicht, daß es in einer solchen Beziehung keine Probleme geben könnte, genausowenig, wie eher schwierige Tierkreiszeichenverbindungen zum Scheitern verurteilt sind. Wer sich ideal ergänzt, kann im Zweifelsfalle auch »ideal« miteinander streiten, da beide die Motive des anderen besonders gut begreifen und damit eben auch kritisieren können. Schon nach kurzer Zeit werden sich die zwei so gut kennen, daß keiner dem anderen etwas vormachen kann; sie »durchschauen« einander, was natürlich nicht immer nur Vorteile hat.

Eine solche Partnerschaft hat die besten Chancen, harmonisch zu verlaufen, wenn beide bereit sind, von den Stärken des anderen zu profitieren und bei den Schwächen ein Auge zuzudrücken: Die Waage ist dem Schützen vielleicht manchmal ein wenig zu oberflächlich, zu wankelmütig und zuwenig zuverlässig. Der Schütze wiederum kommt der Waage oft ein wenig weltfremd, zu enthusiastisch und überspannt vor. So können beide voneinander lernen. Die Vorzüge überwiegen bei weitem die Schwierigkeiten, und die Aussichten für eine stabile Partnerschaft sind hier gut.

$$\nearrow - \mathfrak{m}$$

Schütze – Skorpion

Faszination

Die Verbindung dieser Tierkreiszeichen ist nicht ohne Tücken. Gegenseitige Faszination, aber auch zahlreiche Mißverständnisse prägen vor allem die Anfangsphase einer solchen Bekanntschaft. Selbst wenn das Interesse aneinander groß genug ist, um diese Klippen zu umschiffen, so wird es doch in aller Regel eine ganze Weile dauern, bis sich beide zusammengerauft haben.

Der Schütze tut sich oft schwer mit der manchmal ein wenig dogmatischen oder gar fanatischen Art des Skorpions. Der wiederum neigt dazu, den Schützen für ein wenig zu locker oder sogar für oberflächlich zu halten. Dennoch wird er nicht umhinkönnen, dessen Toleranz und Weltoffenheit zu bewundern. Der Schütze respektiert mehr oder weniger zähneknirschend den Mut und die Konsequenz des Skorpions. In vielerlei Hinsicht sind sich die beiden Tierkreiszeichen (ähnlich wie bei der Schütze-Jungfrau-Verbindung) allerdings so fremd, als kämen sie von verschiedenen Planeten. Dennoch sind die Chancen für eine harmonische Partnerschaft nicht unbedingt schlecht: Zum einen können andere Horoskopfaktoren, insbesondere Aszendent und Mond, einen Ausgleich schaffen, zum anderen kann Wesensfremdheit in günstigen Fällen das Interesse am anderen fördern. *Unterschiede*

Schützen sind Idealisten, sie weigern sich, daran zu glauben, daß es nicht für jedes Problem eine friedliche und einvernehmliche Lösung gibt. Sie sind davon überzeugt, daß alles nur eine Frage des guten Willens und der Toleranz ist. Diese Einstellung erscheint dem Skorpion wie der Jungfrau – gelinde gesagt – außergewöhnlich optimistisch, er kann darin bestenfalls eine schöne Utopie sehen. Was beide Zeichen miteinander verbindet, ist jedoch ihr tiefverwurzelter Gerechtigkeitssinn. *Verbindung*

Die Schützen sind wie gesagt nicht so unrealistisch, zu glauben, daß es in unserer Welt keine Unterdrückung, keine Diskriminierung oder keine Benachteiligung von Schwachen gäbe. Zwar sind sie davon überzeugt, daß mit Aufklärung und Verhandlungen diese Probleme langfristig gelöst werden können, doch kann sich ein Skorpion ihrer Sympathie sicher sein, der seine Rechte verteidigt, auch wenn der Schütze mit der Wahl der Mittel nicht immer einverstanden ist. Der Schütze hingegen kann vom Skorpion wie von der Jungfrau ein wenig mehr praktischen Realitätssinn erlernen, schließlich nützt der größte Optimismus nichts, wenn jemand gerade damit beschäftigt ist, einem die Geldbörse zu stehlen.

Heraus-
forderung

In Partnerschaften ist, wie so oft, die größte Herausforderung gegenseitige Toleranz. Das mag dem Schützen vielleicht nicht allzu schwer fallen, der Skorpion hat jedoch seine Probleme damit. Denn dieser braucht die Konfrontation, die direkte Auseinandersetzung, in der er sich reiben kann. Hier wird ihn der Schütze wohl eher ins Leere laufen lassen. Aber anstrengende Diskussionen kann man ja auch mit Freunden und Bekannten führen, dies muß nicht zwangsläufig in der Partnerschaft ausgetragen werden.

$$\nearrow - \nearrow$$

Schütze – Schütze

Bei allen Beziehungen, die demselben Tierkreiszeichen angehören, ergeben sich die gleichen, nur scheinbar widersprüchlichen Regeln. Zum einen gilt natürlich das Sprichwort »Gleich und gleich gesellt sich gern«. Allerdings ist dies eher für freundschaftliche Verbindungen als unbedingt für Liebesbeziehungen gültig. Schließlich sucht man im Partner weniger den Spiegel seiner selbst als vielmehr die Ergänzung. Sich selbst meint man ja mehr oder weniger zu kennen, aber das Gegenstück *Gegenstück* zum eigenen Charakter übt immer einen besonderen Reiz aus.

Ähnlichkeiten im Wesen und im Verhalten sind sicherlich eine große Hilfe, um Mißverständnisse zu vermeiden, doch tragen sie nicht unbedingt zu einer Steigerung der gegenseitigen Toleranz bei. Menschen neigen in vielen Situationen dazu, für die eigenen Schwächen bei anderen weniger Verständnis aufzubringen als für Schwierigkeiten, mit denen sie *Schwierig-* selbst niemals zu kämpfen hatten. Der Logik *keiten* nach sollte es anders sein, schließlich scheint es nicht vernünftig und ungerecht, dem Partner Unzulänglichkeiten vorzuwerfen, die man selbst besitzt. Doch niemand läßt sich gern den Spiegel vorhalten, wenn er darin gerade unvorteilhaft aussieht. Dies mag eine Erklärung sein. Ein weiterer Gesichtspunkt ist die Abneigung gegen Gewohnheiten, denen man selbst einmal gefrönt hat. Man denke nur an das Verhalten einiger ehemaliger Raucher, die um ein Vielfaches intoleranter gegenüber Nochrauchern sein können als so manche, die niemals eine Zigarette angerührt haben. Natürlich ist es jedoch immer eine Frage des Entwicklungsniveaus, inwieweit man die eigenen Schwächen anderen zum Vorwurf macht. Im günstigen Falle können zwei Schützen ein

Team sein, das sich blind versteht und gemeinsam alle Herausforderungen des Lebens meistert.

Ruhige Beziehung

Falls Aszendent oder Mond nichts anderes aussagen, sind solche Partnerschaften nur selten besonders leidenschaftlich. Der Nachteil mag sein, daß ekstatische Höhepunkte selten sind oder gar nicht vorkommen. Dafür bleiben ihnen jedoch auch in aller Regel die Abgründe krankhafter Eifersucht und zermürbender Auseinandersetzungen erspart. Solche Partnerschaften, die einige Jahre lang gutgegangen sind, haben mehr Aussichten als die Verbindungen anderer Tierkreiszeichen, auch auf Dauer bestehen zu können.

$$♐ - ♑$$

Schütze – Steinbock

Unterschiedlichkeit

Verschiedener als diese zwei können Tierkreiszeichen kaum sein. Hier wird nur selten das Sonnenzeichen selbst der wahre Grund für das gegenseitige Interesse sein. Wahrscheinlicher ist, daß andere Horoskopfaktoren, etwa das Mondzeichen oder der Aszendent, miteinander harmonieren und so einen Ausgleich schaffen.

In Freundschaften und Geschäftsbeziehungen kommt die Motivation, die schwierige Anfangsphase meistern zu wollen, tatsächlich häufig aus der bewußten oder unbewußten Einsicht, daß sich die »Investition« für beide Seiten früher oder später lohnen wird. Hier kommt es also eher zu sachlich orientierten Zweckbündnissen, in den Sympathien füreinander wird man – zumindest anfangs – eher zurückhaltend sein.

Der Schütze neigt zum voreiligen und großspurigen Handeln, während der Steinbock oft ein wenig zu vorsichtig an die Dinge herangeht. Hier können beide voneinander lernen: *Lernmög* Der Steinbock kann dem Schützen zeigen, wie *lichkeiten* man sein Leben möglichst effektiv organisiert und plant. Wenn beide als Team zusammenarbeiten, wird er derjenige sein, der mit beiden Beinen auf der Erde bleibt und genau prüft, welche Idee realisierbar ist und welche nicht.

Der Schütze hingegen kann den Steinbock inspirieren, visionärer und zukunftsorientierter zu werden. Er kann zeigen, wie man mit Optimismus und Selbstvertrauen Probleme meistert, denen der Steinbock eher hilflos gegenüberstände. Auch in persönlichen Auseinandersetzungen kann der Steinbock vom Schützen lernen, vermag sich dieser doch kaum angemessen zu wehren, wenn sich jemand über die Spielregeln des guten Benehmens hinwegsetzt und sich ihm gegenüber beleidigend oder unverschämt verhält. Der Schütze hätte den Angriff schon längst mit gleicher Münze zurückgezahlt, während der Steinbock noch darüber nachsinnt, wie er reagieren soll.

In echten Liebesbeziehungen ist es meist eine starke und außergewöhnliche erotische *Erotische* Anziehung, welche die großen Temperaments *Anziehung* unterschiede vergessen läßt und vielen Auseinandersetzungen die Spitze nimmt. Im Intimleben kann es zu einer nahezu magischen Harmonie kommen, welche in seltsamem Gegensatz zu den ansonsten sehr unterschiedli-

chen Persönlichkeiten steht. Schütze-Stein-
bock-Paare, denen es gelingt, eine wirkliche Lebensgemeinschaft aufzubauen, schöpfen
daher meist aus ihrer erfüllten Sexualität die
Kraft, auch im Alltag zueinanderzufinden und
gemeinsame Interessen zu entwickeln. Dies ist
meist kein leichter Prozeß, der oft Jahre in Anspruch nimmt. Über Langeweile werden sich
die beiden allerdings kaum zu beklagen haben.
Bei Themen hingegen, bei denen die Persön-
lichkeits- und Temperamentsunterschiede un-
überbrückbar sind, lernt man, sich gegenseitig
Freiräume so viel Freiraum zu lassen, daß keiner den anderen behindert.

$$\swarrow - \text{≋}$$

Schütze – Wassermann

Interessante Dies ist eine besonders interessante Kombina-
Kombi- tion. Schütze und Wassermann sind sich in
nation vielen Punkten ähnlich. So sind zum Beispiel
beide sehr zukunftsorientiert, optimistisch
und eher extrovertiert. Ein Schütze und ein
Wassermann, die ihre gemeinsame Freizeit am
liebsten daheim vor dem Fernseher verbringen, sind sicherlich eine ungewöhnliche Ausnahme. Mit ihrer ausgeprägten Unterneh-
mungslust dürfte es ihnen in den eigenen vier
Wänden schnell zu eng werden. Partys, Semi-
nare, geselliges Zusammensein mit Freunden
sowie Reisen sind für sie die geeigneten gemeinsamen Aktivitäten.
  Beide sind sehr starke Persönlichkeiten,
und ihnen ist am besten gedient, wenn sie so
bald wie möglich begreifen, daß es keinem ge-

lingen wird, seinen Dickschädel auf Kosten des anderen durchzusetzen. Die wenigen Schützen, die versuchen, einen Wassermann herumzukommandieren, geben diesen zum Scheitern verurteilten Versuch schon bald wieder auf. Wassermänner sind Individualisten mit einer angeborenen Abneigung gegen jede Form der Bevormundung. Je schneller der Schütze-Partner das einsieht, um so besser ist dies für beide.

Die stärkste Seite des Schützen in einer solchen Verbindung ist seine ausgeprägte Fähigkeit zur Toleranz. Wassermänner sind selten *Toleranz* unkomplizierte Wesen. In den meisten Fällen sind sie eher schwierig, da sie zu exzentrischen Ansichten und Verhaltensweisen neigen. Die meisten hätten damit gerade in einer Beziehung Schwierigkeiten, und in der Tat sind es die Schrullen des Wassermanns, die viele seiner Partnerschaften scheitern lassen, weil sie sein Gegenüber schlichtweg überfordern. Nicht so beim Schützen: Er findet diese Eigenheiten interessant, und er wird mit dem Wassermann darüber diskutieren wollen.

Schützen halten in Beziehungen grundsätzlich nichts von raffinierten Manipulationen – was einer nicht freiwillig tut, soll er eben lassen. Diese Toleranz macht den Wassermann umgänglicher und steigert seine Bereitschaft, auf die Bedürfnisse anderer einzugehen. Mit Druck kann dies nicht erreicht werden. Der Schütze schätzt am Wassermann wiederum das Außergewöhnliche und Exotische. Für ihn ist der Wassermann wie ein Paradiesvogel in einer ansonsten eher grauen Alltagswelt. Der Schütze bewundert die Fähigkeit des Wassermanns, sich gesellschaftlichen Konventionen zu entziehen, und er ist fasziniert von dessen Mut zum eigenen Stil. So verbinden diese verschiedenen Charaktere schon zwei Dinge: die Abneigung gegen jede Form von Anpassung und Unterdrückung und der Mut, auch gegen äußeren Widerstand seinen eigenen Weg zu gehen.

Freiheiten

In Partnerschaften, die auf Dauer angelegt sein sollen, ist es selten ein Problem, daß sich beide genügend Freiheiten einräumen; dies ist für zwei so eigenständige Naturelle eine der leichtesten Übungen. Eine größere Schwierigkeit ist es, die Angst vor Nähe zu überwinden und sich ohne Wenn und Aber auf den anderen einzulassen. Das fällt beiden nicht leicht, und selbst in einer langjährigen Beziehung kann zwischen ihnen eine merkwürdige Form von Oberflächlichkeit herrschen, die verhindert, daß sich Schütze und Wassermann wirklich und intensiv kennenlernen. Wird diese Hürde

Gefahr

nicht überwunden, besteht die Gefahr, daß man sich auseinanderlebt, ohne es richtig zu bemerken. Wird das Problem schließlich offenkundig, ist es dann oft schon zu spät, man ist sich zu fremd geworden, um diesen Graben noch überbrücken zu können. In Wahrheit war man sich einfach niemals so nahe, daß man in Zeiten der Not darauf zurückgreifen könnte. Es hat eine gewisse Tragik, wenn Paare, die sich nach vielen Jahren Beziehung trennen, feststellen müssen, daß sie sich eigentlich niemals wirklich kennengelernt haben.

Jede Medaille hat zwei Seiten. Bei Tierkreiszeichen, die problemlos miteinander harmonieren, ist die Kehrseite die, daß man vergißt, eine wirklich persönliche und tragfähige Bindung aufzubauen, weil ja alles problemlos funktioniert. Erst Krisenzeiten können jedoch offenlegen, wie belastbar und intensiv eine Lebensgemeinschaft wirklich ist.

$$\nearrow - \,)\!($$

Schütze – Fische

Diese beiden Tierkreiszeichen sind so verschieden, daß sie nur recht selten besonderes Interesse aneinander finden. Die sehr unterschiedlichen Persönlichkeiten werden gerade in der Phase des Kennenlernens schnell Mißverständnisse und Irritationen mit sich bringen. Trotzdem sind die Aussichten auf eine harmonische Partnerschaft nicht hoffnungslos: Zum einen können andere Horoskopfaktoren, insbesondere Aszendent und Mond, einen Ausgleich schaffen, zum anderen kann Wesensfremdheit in günstigen Fällen die Neugier kräftig anheizen und das Interesse aneinander wachhalten.

Unterschiedliche Persönlichkeiten

Diese große Wesensverschiedenheit ist um so erstaunlicher, als beide Zeichen in der klassischen Astrologie vom gleichen Planeten, nämlich Jupiter, regiert werden. In der Tat sind die Lebensthemen beider recht ähnlich, ihr Umgang damit ist jedoch völlig unterschiedlich. Gerade das ist es, was zu zahlreichen Mißverständnissen und Meinungsverschiedenheiten, bis hin zu Zerwürfnissen, führen kann. So sind beide etwa an philosophischen, religiösen und oft auch spirituellen Themen interessiert. Während der extrovertierte und publikumsverliebte Schütze andere

Ähnliche Lebensthemen

von der Richtigkeit seiner Ansichten überzeugen und sie manchmal regelrecht bekehren möchte, sind den meisten Fischen alle lauten Töne unangenehm. Sie glauben, daß jeder seine eigenen Erfahrungen machen muß und man niemandem seine Meinung aufdrängen sollte. Oft wird ihnen das manchmal theatralische Auftreten des Schützen regelrecht peinlich sein, insbesondere wenn er der Versuchung nicht widerstehen kann und mit seinen Leistungen und Fähigkeiten ordentlich angibt.

Da der Fische-Geborene seine Ansichten nicht unbedingt an die große Glocke hängt, wird der Schütze oft nicht recht schlau aus ihm. Im günstigen Fall fördert dies seine Neugier und inspiriert ihn, daß er sich mehr darum bemüht, auf seinen Partner einzugehen. Im ungünstigen Falle sorgen Mißklänge und mangelndes gegenseitiges Verständnis dafür, daß man sich auseinanderlebt.

Verbindung

Was beide Zeichen miteinander verbindet, ist jedoch ihr fester Glaube, daß es weitaus wichtigere Dinge im Leben gibt als Geld und materielle Güter. Nur in der äußersten Not wird eines der beiden Zeichen bereit sein, irgend etwas ausschließlich des Geldes wegen zu tun. Beide sind Sinnsucher, die nichts wichtiger und spannender finden als die Frage nach der Bedeutung unseres Daseins. Dies bringt zwar nicht unbedingt Vorteile für das praktische Zusammenleben im Alltag, kann jedoch eine tiefe innere Verbundenheit schaffen, die eine tragfähige und erfüllende Partnerschaft ermöglicht.

Toleranz

Die größte Herausforderung ist hier gegenseitige Toleranz im Umgang mit Alltagssituationen. Dies gilt vor allem, wenn Dritte anwesend sind. Sind beide miteinander allein, werden sie sich oft leichter und besser verstehen.

Was sonst noch zum Schützen paßt

In diesem Kapitel sind Entsprechungen des Schütze-Prinzips – sogenannte Analogien – zusammengestellt. Darunter versteht man in diesem Zusammenhang Ähnlichkeiten und Verwandtschaften, die sich einem Tierkreiszeichen zuordnen lassen, ohne daß sie ursächlich, also kausal, miteinander verbunden wären.

Wie können diese Analogien praktisch genutzt werden? Wenn Sie selbst ein Schütze sind und die positiven Eigenschaften Ihres Tierkreiszeichens fördern und betonen wollen, können Sie unter den im folgenden aufgeführten Entsprechungen diejenigen aussuchen, die Ihnen besonders zusagen, und sie in Ihr Leben einbeziehen.

Entsprechungen

So können Sie zum Beispiel bevorzugt Kleidung in den Farben tragen, die Ihrem Tierkreiszeichen entsprechen. Sie können das Essen mit Gewürzen verfeinern, in Ihren Garten die Pflanzen setzen, an Orte in den Urlaub fahren, die Hobbys oder Berufe wählen, die zu Ihrem Tierkreiszeichen passen, und so weiter. Obwohl es sich hier nur um eine allgemeine Typologie handelt, werden Sie bald erstaunliche Wirkungen feststellen: Sie finden immer mehr zu sich selbst und entwickeln ein immer genaueres Gespür dafür, was zu Ihnen paßt, was Ihnen guttut und was Sie eher meiden sollten. Ihre Gesundheit und Ihr seelisches Gleichgewicht werden davon profitieren.

Selbstfindung

Geschenke   Wenn Sie einen Schützen kennen und schätzen, kann Ihnen diese Liste zum Beispiel bei der Suche nach einem passenden Geschenk helfen. Wenn Ihr Kind ein Schütze ist, können Sie Anregungen für den passenden Sportverein finden und so fort. Der kreativen Phantasie sind hier kaum Grenzen gesetzt.

Farben: Violett, Tiefblau, Purpur.
Geruch: üppig, satt, voll, fettig.
Signatur (Form und Gestalt): ausladend, wuchtig, weit, großzügig, offen, prachtvoll, üppig; überbordende Anordnung.

Pflanzen allgemein: wuchtige, stämmige Bäume und Stauden mit reichem Blattbewuchs.

Bäume, Sträucher: Kastanie, Eiche, Buche, Pappel, Esche; Walnußbaum, Bananenstaude, Feigenbaum, Birnbaum, Weinstock; Rhododendron; Olivenbaum.

Gemüse, Obst: Artischocke, Aubergine, Mais; Weintraube, Ananas, Birne, Pfirsich, Rhabarber; Nüsse, Mandeln.

Blumen: Löwenzahn, Muskatblüte, Lavendel, Veilchen, Pfingstrose, Gladiole.

Blumen

Gewürze: Muskat, Basilikum.

Heilpflanzen: Kastanie, Ginseng, Löwenzahn.

Tiere: Tiere, die eine gewisse Würde und Größe aufweisen und meist gutmütig sind; wuchtige Tiere (Pferd, Hirsch, Elefant, Wal, Bernhardiner, Schwein, Neufundländer); Hirschkäfer, Hummeln; Fasan, Pelikan, Pfau, Schwan.

Materialien: Zinn, Bronze, Holz.

Mineralien: Zinn, Bronze; Amethyst, Lapislazuli, Hyazinth, Beryll, Saphir.

Landschaften: mächtige Bergkuppen, großartige, ausladende Landschaften, üppige Wälder; Maisfelder.

Berufe: alle Berufe, die Optimismus, Begeisterung und Idealismus erfordern; Berufe, die räumliche Veränderung, Reisen, ein gewisses Maß an Abenteuer und Risiko mit sich bringen; Berufe, die Einfallsreichtum, aber auch Aufgeschlossenheit verlangen; Berufe, die mit Publikum zu tun haben; Berufe, die eine philosophische, religiöse oder erkenntnistheoretische Ausrichtung haben; Berufe, die die Fähigkeit zu strategischer Planung und Organisationstalent verlangen; Manager, Hotelier;

Berufe

Handlungsreisender, Vertreter, Exporteur, Werbefachmann, Jurist, Reisebüroangestellter, Politiker, Schauspieler, Großhändler, Publizist; Reiter; Meinungsforscher, Sozialfürsorger, Pädagoge, Universitätsprofessor, Richter, Geistlicher, Missionar, Philosoph, Minister; Pferdehändler, Schreiner, Kunsttischler; Reit-, Fecht-, Skilehrer, Sportlehrer; Förster.

Hobbys

Hobbys, Sportarten: Reisen, Philosophieren, Sport, Reiten, Gymnastik, Spazierengehen.

Verkehrsmittel: Reitpferd, Flugzeug, Luxusdampfer.

Wohnstil: großräumig mit Ausblick ins Grüne.

Wochentag: Donnerstag (Tag des Donar, des nordischen Donnergottes (französisch *Jeudi* bzw. italienisch *Giovedi* = Tag des Zeus/Jupiter).

Gesellschaftsform: Kolonialismus, Konföderationen, Welthandelsgesellschaften; Utopie des »Wohlstands für alle«, »Gottesstaat«, Theokratie.

Entsprechungen auf der Ebene des menschlichen Körpers: Hüfte, Oberschenkel, Gesäß, Kreuzbein; Leber, Fetteinlagerungen im Körpergewebe; Stoffwechsel, Körperentgiftung; Bandscheiben; Thymusdrüse; Körperwachstum.

Krankheiten allgemein: Wucherungen (gutartige und bösartige), Schwellungen, Übergewicht, Fettleber.

Zahlen

Zahlen: 3 und 12 sowie ihre Vielfachen, nach dem neuen Zeichenherrscher Neptun auch die 13.

Ein typisches Schütze-Märchen:
Etwas Wundervolles

Es lebte einmal ein König, der hatte einen Sohn, der nicht dumm und auch nicht faul war, aber zum Leidwesen seines Vaters interessierte er sich nur für eines, und das waren seine eigenen Gedanken.

Eines Tages sagte er zu dem Prinzen: »Mein Sohn, so kann es nicht weitergehen! Du wirst einmal König werden, doch wie willst du dein Reich regieren, wenn du immer nur vor dich hin träumst! Du kannst ja kaum einen Fußschemel von einem Thron unterscheiden.«

»Das mag schon stimmen«, erwiderte der Prinz, »aber zwischen einem Thron und einem Schemel gibt es ja auch keinen wundervollen Unterschied. Auf beiden kann man sitzen.«

Das erzürnte den König sehr, und er rief: »Wundervoll! Wundervoll! Was soll denn das heißen? Gibt es denn überhaupt irgend etwas auf der Welt, was du wundervoll findest?«

»Das weiß ich nicht«, meinte der Prinz ganz ruhig, »vielleicht ja schon.«

»Dann gehe es suchen und komme nicht zurück, bevor du etwas Wundervolles gefunden hast!«

Das ließ sich der Prinz nicht zweimal sagen. Er machte sich auf den Weg und ging und ging, bis er schließlich zu einem Wald kam, in dem standen viele ganz gerade gewachsene Bäume, aber auch einige, deren Stämme und Äste krumm waren und schief in den Himmel ragten. Staunend sagte der Prinz zu sich: »Oh! Ich wundere mich! Das muß doch etwas Wundervolles sein! Ich werde meinem Vater einige Äste mitbringen.« Er brach einen besonders krummen und einen geraden Ast ab und ging zurück zum Palast. Dort legte er sie auf den Boden vor des Königs Thron. Zufrieden setzte er sich ans Fenster und sah hinaus, und viele Gedanken gingen durch seinen Kopf. Nach einer Weile kam der

König herein und fragte erstaunt: »Du bist schon wieder zurück? Hast du denn etwas Wundervolles gefunden?«

»Ja, mein Vater, das habe ich«, sagte der Prinz. »Schau, die Zweige auf dem Fußboden.«

Zornig fuhr ihn der König an: »Du Tölpel! Das soll wundervoll sein?«

»Warum denn nicht?« fragte der Prinz. »Ich habe mich darüber gewundert!«

Da geriet der König außer sich: »Du Idiot«, schrie er den Prinzen an, »fort mit dir! Und komme nicht noch einmal ohne etwas Wundervolles zurück, sonst werde ich dich lehren, was es heißt, mich zu verhöhnen!«

Fassungslos eilte er aus dem Zimmer, und der Prinz machte sich erneut auf den Weg. Lange wanderte er, bis er schließlich an ein Moor kam. Er war inzwischen sehr hungrig und durstig geworden, aber er hatte vergessen, etwas mitzunehmen. Und während er noch so überlegte, wie er satt werden könne, was sah er da auf einem Stein? Da stand ein Teller mit leckerem Essen, und ein Krug Milch war auch dabei.

»Das ist wirklich wundervoll!« sagte der Prinz beglückt. »Doch ich bin so hungrig, daß ich das gute Essen lieber selbst essen werde, anstatt es meinem Vater zu bringen.« Er griff nach dem Teller – und hui … waren Milch und Essen verschwunden.

»Das ist aber nun unglaublich wundervoll!« sagte der Prinz. »Erst ist etwas da, und dann verschwindet es im Handumdrehen! So etwas habe ich noch nie erlebt. Aber mit nichts kann ich nicht zu meinem Vater heimkehren.«

Also ging er weiter, doch Hunger und Durst plagten ihn sehr, und er drehte sich hoffnungsvoll nach dem Stein um. Und tatsächlich standen dort wieder der Teller und der Krug!

So schnell er konnte, rannte der Prinz zurück, und wieder verschwanden die Köstlichkeiten, als er nach ihnen greifen wollte. Unter dem Stein ertönte ein vergnügtes Kichern.

»Na warte«, rief der Prinz, »ich werde dich lehren, mir

üble Streiche zu spielen!« Er zog sein Schwert und hieb unterhalb des Steins zu, dorthin, wo er einen Schatten warf.

Der Schatten begann laut zu kreischen und verwandelte sich in einen kleinen blauen Kobold. Der lag da, und eines seiner fledermausartigen Ohren war mit der Schwertspitze am Boden festgenagelt.

»Au! Au! Das tut so weh!« schrie der Kobold jämmerlich. »Laß mich frei! Au! Au!«

»Erst gibst du mir etwas zu essen«, meinte der Prinz seelenruhig.

Der Kobold schluchzte und zappelte, doch er nahm einen Ranzen von der Schulter und reichte ihn dem Prinzen. »Nimm«, ächzte er. »Sag einfach:

>Gib mir was zu essen, kleiner Ranzen,
gib mir was zu trinken, kleiner Ranzen!‹

Und schon hast du, was du willst.«

»Wie soll ich wissen, ob ich dir trauen kann?« sagte der Prinz.

»Versuch es doch, versuch es doch!« wimmerte der Kobold.

Der Prinz nahm den Ranzen und sagte:

»Gib mir was zu essen, kleiner Ranzen,
gib mir was zu trinken, kleiner Ranzen!«

Und bevor er es sich's versah, kamen aus dem Ranzen allerlei köstliche Dinge hervor, und er aß und aß und ließ es sich so richtig munden. Den kleinen Kobold aber ließ er aufgespießt am Boden, denn er wollte nicht, daß das Essen am Ende wieder verschwinde. Der Kobold jammerte die ganze Zeit über zum Steinerweichen. Schließlich sagte er: »Du kannst den Ranzen behalten, wenn du mich nur freiläßt. Wenn du möchtest, daß die Teller und Becher wieder verschwinden, mußt du nur sagen:

>Kleiner Ranzen, kleiner Ranzen,
pack die Teller und Becher wieder weg.‹«

Der Prinz sagte den Spruch, und alles verschwand im Nu in dem Ranzen. Nun zog der Prinz das Schwert aus dem Boden, und der kleine Kobold war frei. Neben dem Stein war wieder nur ein Schatten zu sehen.

»Ich werde meinem Vater diesen Ranzen bringen«, sagte der Prinz zu sich, »denn das ist ganz ohne Zweifel etwas Wundervolles!«

Er brach auf und ging und ging, konnte aber den rechten Weg nicht finden. Als es dunkelte, kam er an einen Fluß, an dem eine Hütte stand. Die Tür war offen, und der Prinz beschloß, die Nacht in der Hütte zu verbringen. Gerade als er über die Schwelle treten wollte, schlug die Tür – bauz! – vor seiner Nase zu, und sosehr er sich auch bemühte, er konnte sie nicht öffnen. Schließlich setzte er sich ins Gras und befahl dem Ranzen, ihm etwas zu essen und zu trinken aufzutischen. Der Ranzen tat wie ihm geheißen, und der Prinz aß nach Herzenslust. Dann legte er sich hin und wollte schlafen. Die Nacht war aber bitterkalt, und er konnte kein Auge zutun. Während er so zitterte und fror, schien es ihm, als wäre im Rauschen des Flusses ein Kichern zu

hören. Dann wieder schien das Lachen von irgendwo hinter ihm zu kommen. Hatte er es nicht schon einmal gehört? Er sprang auf und sah sich um. Die Tür der Hütte stand weit offen! Wieder wollte er eintreten, und – bauz! – schlug die Türe zu. Von der Tür her war das vergnügte Kichern zu hören.

»Willst du mir schon wieder einen bösen Streich spielen?« rief der Prinz, und er zog sein Schwert und rammte es in die Tür. Da ertönte ein lautes Kreischen, und an der Tür hing der kleine Kobold, aufgespießt an einer Schulter.

»Au! Au!« schrie er zum Steinerweichen. »Das tut weh! Laß mich frei! Laß mich frei!«

»Erst machst du die Tür auf!« sagte der Prinz.

Die Tür ging auf. »Jetzt laß mich gehen!« wimmerte der kleine Kobold.

»Wenn ich dich freilasse, spielst du mir ja doch wieder nur einen Streich. Warum tust du das?« erwiderte der Prinz.

»Ich kann nicht anders«, sagte der kleine Kobold jämmerlich, »es liegt in meiner Natur. Wenn du mich gehen läßt, schenke ich dir ein magisches Schwert, das schlägt jeden Kopf ab, wenn du es ihm befiehlst.«

»Das klingt nicht schlecht«, sagte der Prinz, »dieses Schwert möchte ich sehen.«

Der kleine Kobold klatschte in die Hände, und ein Schwert fiel vor dem Prinzen auf den Boden. Es sah nach nichts Besonderem aus, und die Klinge war ein wenig verrostet.

»Woher soll ich wissen, daß du die Wahrheit gesagt hast?« fragte der Prinz.

»Versuch es doch, befiehl dem Schwert, meinen Kopf abzuschlagen.«

»Nein«, meinte der Prinz, »das will ich nun doch nicht tun, auch wenn du eine ziemliche Plage bist.«

Der kleine Kobold holte eine Pfeife aus der Hosentasche. »Wenn du in diese Pfeife bläst, kannst du dir alles wünschen, was du willst. Wenn du mich tötest, brauchst du nur zu pfeifen und zu sagen: ›Mach ihn wieder lebendig.‹«

»Das wäre ja wirklich wundervoll!« sagte der Prinz. Er zog sein Schwert aus der Tür und ließ den Kobold frei. Dann sagte er zu dem Schwert: »Schlag ihm den Kopf ab.« Und schon rollte der Kopf des Kobolds ins Gras. Der Prinz blies in die Pfeife. »Mach ihn wieder lebendig«, sagte er – und schwupp … war der Kopf wieder auf dem Körper und der kleine Kobold wieder lebendig.

»Gut«, sagte der Prinz, »ich werde das Schwert und die Pfeife behalten. Aber vergiß nicht: Wenn du mir je wieder einen solchen Streich spielst, lasse ich dir den Kopf abschlagen und nicht wieder aufsetzen! Und jetzt sage mir, wie ich den Weg nach Hause finde.«

»Geh nur immer nach links, dann bist du auf dem richtigen Weg. Hoffentlich begegnen wir uns niemals wieder!« Wütend verschwand er im Boden.

Inzwischen war es Tag geworden. Der Prinz ging links um die Hütte und machte sich auf den Weg. Immer wenn der Weg sich nach links gabelte, ging er dorthin weiter, bis er schließlich den Palast seines Vaters in der Ferne sah. Vor ihm erstreckte sich eine unfruchtbare, steinige Ebene. Der Prinz zog die Pfeife aus der Tasche und blies hinein.

»Bau mir ein wunderschönes Schloß auf dieser steinigen Ebene«, sagte er. Und schon stand das Schloß da, und seine Türme glänzten in der Sonne. Wieder blies er in die Pfeife. »Diese steinige Ebene soll eine große grüne Wiese werden, auf der Blumen blühen und Schafe und Rinder weiden«, sagte er. Und schon lag vor ihm eine große grüne Wiese, auf der Schafe und Rinder weideten.

Zum drittenmal blies er in die Pfeife. »Errichte mir von meinem Schloß eine große Brücke hinüber zum Schloß meines Vaters«, sagte er. Und schon erhob sich eine prächtige Brücke zwischen den Palästen.

Da kam der König aus seinem Schloß und sah die Brücke, die Wiese und das Schloß. »Das kann doch nicht mit rech-

ten Dingen zugehen!« sprach er. »Vor einem Augenblick
war hier nur eine steinige Ebene!« Er rief einige Boten her-
bei und befahl ihnen, über die Brücke zu reiten. »Wer
immer dort auf der anderen Seite ist, sagt ihm, er soll vor
mir erscheinen.«

Die Boten ritten über die Brücke. Der Prinz sah sie nahen
und blies in seine Pfeife. »Die Grashalme dieser Wiese sollen zu Menschen werden, und alle sollen sich vor der
Brücke aufstellen«, sagte er.

So geschah es. Die Grashalme verwandelten sich in eine
Unzahl von Männern, die waren grün gekleidet und hatten
grüne Gesichter und grüne Hände. Als die Boten die grünen
Männer sahen, erschraken sie sehr und flohen, so schnell
sie konnten.

»Was ist?« fragte der König. »Habt ihr denn niemanden
getroffen?«

»O Herr!« riefen die Boten. »Wir haben Leute getroffen,
doch die waren von Kopf bis Fuß grün. Wer weiß, was das
für Leute sein mögen.«

»Habt ihr sie aufgefordert, vor mir zu erscheinen?«

»Nein, o Herr! Wir bekamen furchtbare Angst und sind
geflohen.«

Da war der König erzürnt. »Ihr Feiglinge«, rief er, »führt
ihr so meine Befehle aus?« Er rief sein ganzes Heer zusammen, das sollte über die Brücke marschieren und die grünen Männer zu ihm bringen. Als die Soldaten jedoch auf der
anderen Seite ankamen, waren die grünen Männer nicht
mehr zu sehen. Nur der Prinz stand da und sah ihnen entgegen.

»Geht zum König und bittet ihn hierherzukommen«,
sagte er. »Ich will ihm etwas Wundervolles zeigen.«

Die Soldaten marschierten zurück und berichteten dem
König, was der Prinz gesagt hatte. Der König war doch sehr
verwundert. An der Spitze seines Heeres ging er über die
Brücke. Als er bei dem Prinzen angelangt war, nahm der
Prinz den Ranzen und sagte:

»Gib uns was zu essen, kleiner Ranzen,
gib uns was zu trinken, kleiner Ranzen!«

Und im Nu kamen aus dem Ranzen allerlei Köstlichkeiten hervor, und es war so viel, daß sich das ganze Heer satt essen konnte.

Als alle gegessen hatten, sagte der Prinz:

»Kleiner Ranzen, kleiner Ranzen,
pack die Teller und Becher wieder weg.«

Und schon waren die leeren Becher und Teller wieder im Ranzen verschwunden.

»Ist das nicht wundervoll?« fragte der Prinz seinen Vater.

»Ja, das ist wundervoll«, erwiderte der König.

»Nun will ich dir aber etwas noch viel Wundervolleres zeigen«, sagte der Prinz. Er befahl dem Schwert, alle Köpfe abzuschlagen, nur den seines Vaters und seinen eigenen nicht.

Im Handumdrehen lagen alle Köpfe der Soldaten auf dem Boden.

»Ist das nicht ein Wunder?« fragte der Prinz.

Der König rang jedoch verzweifelt die Hände. »Warum hast du alle meine Krieger getötet? Das soll ein Wunder sein? Ich habe genug von deinen Wundern. Ich gehe nach Hause.«

»Warte doch einen Augenblick«, sagte der Prinz. Er blies in seine Pfeife – und schwupp ... waren alle Köpfe wieder auf den Schultern und das ganze Heer lebendig und guter Dinge.

»Ist das nicht etwas Wundervolles?« sagte der Prinz.

»Ja«, erwiderte der König, »das ist etwas Wundervolles. Nun will ich aber kein weiteres Wunder sehen, sonst sterbe ich noch vor Angst. Wenn du mein Nachfolger wirst, bist du ein mächtiger König, und das, obwohl du keinen Unterschied zwischen einem Thron und einem Fußschemel siehst.«

»Nun«, meinte der Prinz vergnügt, »es kommt alles auf den Blickwinkel an.«

Und sie kehrten gemeinsam zurück in den Palast des Königs. Der machte ihm nie wieder einen Vorwurf, und im Grunde hatte er doch ziemliche Furcht vor seinem Sohn, obwohl er sich größte Mühe gab, es sich nicht anmerken zu lassen.

Aus: Ruth Manning-Sanders: *Märchen und Sagen aus aller Welt.* Rastatt 1980. Das Märchen wurde gekürzt und umgeschrieben.

Schützen wollen sich von etwas begeistern lassen. Sie lieben es, wenn sie dieses elektrisierende, lebendige Gefühl der Faszination durchströmt, wenn sich neue Horizonte öffnen und die Welt voller Möglichkeiten erscheint. Sie haben wenig für das Alltägliche, für Routine oder ganz einfach für das übrig, was ihnen banal erscheint. Viele interessieren sich deshalb auch nicht für Amt und Würden, es sei denn, sie dienten dazu, die Welt zu verbessern. Warum sollte also der Thron etwas Besseres sein als ein Fußschemel, wenn man doch auf beidem nur sitzen kann? Der Prinz begeistert sich für das, worüber man sich noch wundern kann, und wer würde schon über einen Thron staunen? Er zieht aus in der Gewißheit, daß sich schon etwas Wundervolles finden lasse, wenn man nur nicht immer bleibt, wo man ohnehin schon ist. Und er kehrt zurück mit reichen Schätzen, die sich als ungleich viel wertvoller erweisen als alles, was sein Vater, der König, bislang als beeindruckend hätte gelten lassen. Sollten wir es ihm nicht alle zumindest zuweilen nachtun?

Anhang

Von wann bis wann ist man ein Schütze?

Beginn des Schütze-Zeichens

22.11.1920 um 15:15; 22.11.1921 um 21:04;
23.11.1922 um 02:55; 23.11.1923 um 08:54;
22.11.1924 um 14:46; 22.11.1925 um 20:36;
23.11.1926 um 02:28; 23.11.1927 um 08:14;
22.11.1928 um 14:00; 22.11.1929 um 19:48;
23.11.1930 um 01:35; 23.11.1931 um 07:25;
22.11.1932 um 13:10; 22.11.1933 um 18:54;
23.11.1934 um 00:44; 23.11.1935 um 06:35;
22.11.1936 um 12:25; 22.11.1937 um 18:17;
23.11.1938 um 00:06; 23.11.1939 um 05:59;
22.11.1940 um 11:49; 22.11.1941 um 17:38;
22.11.1942 um 23:31; 23.11.1943 um 05:22;
22.11.1944 um 11:08; 22.11.1945 um 16:55;
22.11.1946 um 22:46; 23.11.1947 um 04:38;
22.11.1948 um 10:29; 22.11.1949 um 16:16;
22.11.1950 um 22:03; 23.11.1951 um 03:51;
22.11.1952 um 09:36; 22.11.1953 um 15:22;
22.11.1954 um 21:14; 23.11.1955 um 03:01;
22.11.1956 um 08:50; 22.11.1957 um 14:39;
22.11.1958 um 20:29; 23.11.1959 um 02:27;
22.11.1960 um 08:19; 22.11.1961 um 14:08;
22.11.1962 um 20:02; 23.11.1963 um 01:50;
22.11.1964 um 07:39; 22.11.1965 um 13:29;
22.11.1966 um 19:14; 23.11.1967 um 01:05;
22.11.1968 um 06:49; 22.11.1969 um 12:31;
22.11.1970 um 18:25; 23.11.1971 um 00:14;
22.11.1972 um 06:03; 22.11.1973 um 11:54;
22.11.1974 um 17:39; 22.11.1975 um 23:31;
22.11.1976 um 05:22; 22.11.1977 um 11:07;

22.11.1978 um 17:05; 22.11.1979 um 22:54;
22.11.1980 um 04:42; 22.11.1981 um 10:36;
22.11.1982 um 16:24; 22.11.1983 um 22:19;
22.11.1984 um 04:11; 22.11.1985 um 09:51;
22.11.1986 um 15:45; 22.11.1987 um 21:30;
22.11.1988 um 03:12; 22.11.1989 um 09:05;
22.11.1990 um 14:47; 22.11.1991 um 20:36;
22.11.1992 um 02:26; 22.11.1993 um 08:07;
22.11.1994 um 14:06; 22.11.1995 um 20:02;
22.11.1996 um 01:50; 22.11.1997 um 07:48;
22.11.1998 um 13:35; 22.11.1999 um 19:25;
22.11.2000 um 01:20; 22.11.2001 um 07:01;
22.11.2002 um 12:54; 22.11.2003 um 18:44;
22.11.2004 um 00:22; 22.11.2005 um 06:15;
22.11.2006 um 12:02; 22.11.2007 um 17:50;
21.11.2008 um 23:45; 22.11.2009 um 05:23;
22.11.2010 um 11:15; 22.11.2011 um 17:08.
Alle Zeitangaben in mitteleuropäischer Zeit.

Ende des Schütze-Zeichens

22.12.1920 um 04:17; 22.12.1921 um 10:07;
22.12.1922 um 15:57; 22.12.1923 um 21:53;
22.12.1924 um 03:45; 22.12.1925 um 09:37;
22.12.1926 um 15:33; 22.12.1927 um 21:19;
22.12.1928 um 03:04; 22.12.1929 um 08:53;
22.12.1930 um 14:40; 22.12.1931 um 20:30;
22.12.1932 um 02:14; 22.12.1933 um 07:58;
22.12.1934 um 13:49; 22.12.1935 um 19:37;
22.12.1936 um 01:27; 22.12.1937 um 07:22;
22.12.1938 um 13:14; 22.12.1939 um 19:06;
22.12.1940 um 00:55; 22.12.1941 um 06:44;
22.12.1942 um 12:40; 22.12.1943 um 18:29;
22.12.1944 um 00:15; 22.12.1945 um 06:04;
22.12.1946 um 11:53; 22.12.1947 um 17:43;
21.12.1948 um 23:33; 22.12.1949 um 05:23;
22.12.1950 um 11:14; 22.12.1951 um 17:00;

21.12.1952 um 22:43; 22.12.1953 um 04:32;
22.12.1954 um 10:25; 22.12.1955 um 16:11;
21.12.1956 um 22:00; 22.12.1957 um 03:49;
22.12.1958 um 09:40; 22.12.1959 um 15:35;
21.12.1960 um 21:26; 22.12.1961 um 03:20;
22.12.1962 um 09:16; 22.12.1963 um 15:02;
21.12.1964 um 20:50; 22.12.1965 um 02:41;
22.12.1966 um 08:28; 22.12.1967 um 14:17;
21.12.1968 um 20:00; 22.12.1969 um 01:44;
22.12.1970 um 07:36; 22.12.1971 um 13:24;
21.12.1972 um 19:13; 22.12.1973 um 01:08;
22.12.1974 um 06:56; 22.12.1975 um 12:46;
21.12.1976 um 18:35; 22.12.1977 um 00:23;
22.12.1978 um 06:21; 22.12.1979 um 12:10;
21.12.1980 um 17:56; 21.12.1981 um 23:51;
22.12.1982 um 05:38; 22.12.1983 um 11:30;
21.12.1984 um 17:23; 21.12.1985 um 23:08;
22.12.1986 um 05:03; 22.12.1987 um 10:46;
21.12.1988 um 16:28; 21.12.1989 um 22:22;
22.12.1990 um 04:07; 22.12.1991 um 09:54;
21.12.1992 um 15:44; 21.12.1993 um 21:26;
22.12.1994 um 03:23; 22.12.1995 um 09:17;
21.12.1996 um 15:06; 21.12.1997 um 21:08;
22.12.1998 um 02:57; 22.12.1999 um 08:44;
21.12.2000 um 14:38; 21.12.2001 um 20:22;
22.12.2002 um 02:15; 22.12.2003 um 08:04;
21.12.2004 um 13:42; 21.12.2005 um 19:35;
22.12.2006 um 01:23; 22.12.2007 um 07:08;
21.12.2008 um 13:04; 21.12.2009 um 18:47;
22.12.2010 um 00:39; 22.12.2011 um 06:30.
Alle Zeitangaben in mitteleuropäischer Zeit.

Lesebeispiel:

»22.11.1972 um 06:03«. Das heißt, am 22.11.
1972 trat die Sonne um 6:03 Uhr in das Tierkreiszeichen Schütze. Wer nach 6:03 Uhr gebo-

ren wurde, ist also bereits ein Schütze, wer vor dieser Zeit zur Welt kam, noch ein Skorpion.

Die Bestimmung des Mondzeichens

Die einfache Anwendung der Mond-Tabelle

1. Suchen Sie zuerst die Spalte mit Ihrem *Geburtstag.*
2. Suchen Sie die Zeile, in der sich das *Geburtsjahr* befindet.
3. Lesen Sie das Mondzeichen ab.
4. Steht hinter der gesuchten Jahreszahl in Klammern eine Uhrzeit, kann sich der Mond statt im angegebenen Zeichen auch im vorhergehenden befinden. Also statt im Widder auch in den Fischen, statt im Stier auch im Widder und so weiter.
5. Lesen Sie die Texte zu beiden Mondzeichen, um herauszufinden, welches besser auf Sie zutrifft.

Genaue Bestimmung des Mondzeichens

1. Suchen Sie zuerst die Spalte, in der Ihr Geburtstag steht.
2. Wählen Sie die Zeile, in welcher der Jahrgang steht.
3. Ist Ihr Jahrgang nicht dabei, versuchen Sie Ihr Glück in der folgenden Spalte Ihres Geburtsdatums.
4. Da der Mond auch innerhalb eines Tages das Tierkreiszeichen wechseln kann, steht hinter manchen Jahreszahlen in Klammern eine Uhrzeit. Diese gibt in mitteleuropäischer Zeit an, um wieviel Uhr der Mond in

das am Ende der Zeile angegebene Zeichen wechselt. Wurden Sie vor der betreffenden Uhrzeit geboren, steht Ihr Mond nicht im aufgeführten Tierkreiszeichen, sondern in dem vorhergehenden. Wenn Sie die Symbole der Tierkreiszeichen nicht kennen, schauen Sie einfach auf Seite 15 nach.

5. Falls Sie an einem Tag geboren wurden, an dem der Mond das Tierkreiszeichen wechselt und Ihre Geburtszeit weniger als eine Stunde von der Uhrzeit des Zeichenwechsels abweicht, sollten Sie in der Tabelle »Sommerzeiten« nachschauen, ob an Ihrem Geburtstag Sommerzeit war. Bei »normaler« Sommerzeit müssen Sie eine Stunde von Ihrer Geburtszeit abziehen, um die MEZ (mitteleuropäische Zeit) zu erhalten. Bei doppelter Sommerzeit, die es nur 1945 gab, müssen zwei Stunden abgezogen werden, ebenso bei der Hochsommerzeit 1947.

6. Wenn Sie Ihre Geburtszeit nicht kennen, lesen Sie entweder unter beiden Mondzeichen nach und versuchen herauszufinden, welcher Text besser auf Sie zutrifft, oder Sie wenden sich schriftlich (mit frankiertem Rückumschlag) an das Standesamt Ihres Geburtsorts. Hier bekommen Sie in aller Regel umgehend Ihre genaue Geburtszeit mitgeteilt.

Falls Ihnen das alles zu kompliziert vorkommt: Es ist sehr viel leichter, als es im ersten Moment scheint. Zur Veranschaulichung ein paar praktische Beispiele.

Nehmen wir an, wir wollen wissen, welches Mondzeichen ein Mensch hat, der am 05.12.1955 geboren wurde.

Wir suchen die Spalte, in der 05.12. steht. Den Jahrgang 1955 finden wir in der nächsten Spalte. Am Ende der Zeile steht das Symbol für das Tierkreiszeichen Jungfrau. Die Uhrzeit (09:50 Uhr) bedeutet, daß um diese Zeit der Mond in das Tierkreiszeichen Waage wechselte. Wer vor dieser Uhrzeit geboren wurde, hatte also noch einen Jungfraumond.

Sommerzeiten

14.03.1921 23 h – 26.10.21 0 h MEZ franz. Zone
25.03.1922 23 h – 08.10.22 0 h MEZ franz. Zone
26.05.1923 23 h – 07.10.23 0 h MEZ franz. Zone
29.03.1924 23 h – 05.10.24 0 h MEZ franz. Zone
04.04.1925 23 h – 04.10.25 0 h MEZ franz. Zone
17.04.1926 23 h – 03.10.26 0 h MEZ franz. Zone
09.04.1927 23 h MEZ statt GMT franz. Zone
01.04.1940 2 h – 02.11.42 3 h MES*
01.01.1941 0 h – 02.11.42 3 h MES
01.01.1942 2 h – 02.11.42 3 h MES
29.03.1943 2 h – 04.10.43 3 h MES
03.04.1944 2 h – 02.10.44 3 h MES
02.04.1945 2 h – 16.09.45 2 h MES
(1945: doppelte Sommerzeit vom 24.05. bis 24.09., im sowjetisch besetzten Teil Deutschlands einschließlich West-Berlins bis 18.11. Sommerzeit)
14.04.1946 2 h – 07.10.46 3 h MES
06.04.1947 3 h – 11.05.47 3 h MES
11.05.1947 3 h – 29.06.47 3 h MES + 1
(1947: Vorstellung gegen MEZ: 2 Stunden [Hochsommerzeit])
29.06.1947 3 h – 05.10.47 3 h MES
18.04.1948 2 h – 03.10.48 3 h MES
10.04.1949 2 h – 02.10.49 3 h MES
06.04.1980 2 h – 28.09.80 3 h MES

29.03.1981 2 h – 27.09.81 3 h MES
28.03.1982 2 h – 26.09.82 3 h MES
27.03.1983 2 h – 25.09.83 3 h MES
25.03.1984 2 h – 30.09.84 3 h MES
31.03.1985 2 h – 29.09.85 3 h MES
30.03.1986 2 h – 28.09.86 3 h MES
29.03.1987 2 h – 27.09.87 3 h MES
27.03.1988 2 h – 25.09.88 3 h MES
26.03.1989 2 h – 24.09.89 3 h MES
25.03.1990 2 h – 30.09.90 3 h MES
31.03.1991 2 h – 29.09.91 3 h MES
29.03.1992 2 h – 27.09.92 3 h MES
28.03.1993 2 h – 26.09.93 3 h MES
27.03.1994 2 h – 25.09.94 3 h MES
26.03.1995 2 h – 24.09.95 3 h MES
31.03.1996 2 h – 27.10.96 3 h MES
30.03.1997 2 h – 26.10.97 3 h MES
29.03.1998 2 h – 25.10.98 3 h MES
28.03.1999 2 h – 31.10.99 3 h MES**
26.03.2000 2 h – 29.10.00 3 h MES**
25.03.2001 2 h – 28.10.01 3 h MES**

---

* 1940 bis 1942 durchgehend
** voraussichtlich (Stand 1998)

GMT = Greenwich mean time (Greenwich-Zeit)
MES = mitteleuropäische Sommerzeit
MEZ = mitteleuropäische Zeit

Geburtsdatum	Mondzeichen	Geburtsdatum	Mondzeichen	Geburtsdatum	Mondzeichen	Geburtsdatum	Mondzeichen
21.11.		1992 (01:52)	♏	1957 (23:29)	♑	1922	♒
2008	♍	1993	♓	1958 (15:30)	♉	1923	♊
22.11.		1994	♋	1959 (13:08)	♍	1924 (11:17)	♏
1920	♈	1995 (16:56)	♐	1960 (08:04)	♒	1925	♓
1921 (13:17)	♍	1996 (17:12)	♉	1961	♊	1926 (12:10)	♌
1924 (07:51)	♎	1997 (01:33)	♍	1962	♎	1927 (08:53)	♐
1925	♒	1998	♑	1963	♒	1928	♈
1928	♓	1999	♉	1964 (21:59)	♌	1929	♍
1929	♌	2000	♌	1965 (03:56)	♋	1930	♑
1932	♍	2001 (22:52)	♓	1966	♈	1931	♉
1933 (02:21)	♒	2002 (17:48)	♋	1967	♌	1932	
1936 (03:04)	♓	2003	♏	1968	♑	1933 (05:50)	♓
1937 (16:55)	♌	2004	♈	1969 (21:59)	♊	1934	♋
1940 (17:11)	♍	2005	♌	1970 (16:39)	♎	1935	
1941	♑	2006	♐	1971 (06:52)	♒	1936 (06:37)	♈
1942 (21:35)	♊	2007 (13:18)	♉	1972 (01:31)	♋	1937 (20:56)	♍
1944	♒	2008 (09:20)	♎	1973	♏	1938 (13:37)	♑
1945	♋	2009 (04:11)	♒	1974	♓	1939 (08:23)	♎
1946	♏	**23.11.**		1975 (21:48)	♌	1940 (20:25)	♎
1948	♐	1920 (19:02)	♉	1976 (17:03)	♑	1941	♒
1949 (13:19)	♑	1921	♍	1977 (00:09)	♉	1942	♊
1950 (00:08)	♉	1922 (16:36)	♒	1978	♍	1943	♎
1952 (05:52)	♒	1923 (13:32)	♊	1979	♐	1944	♓
1953	♊	1924	♎	1980	♊	1945 (00:12)	♌
1954 (19:13)	♏	1925 (02:37)	♓	1981 (18:37)	♏	1946	♐
1956 (19:10)	♌	1926	♋	1982 (18:43)	♓	1947	♈
1957	♐	1927	♏	1983	♐	1948	♍
1958	♈	1928 (00:14)	♈	1984	♐	1949 (17:24)	♒
1960	♑	1929 (15:32)	♑	1985	♈	1950 (12:38)	♊
1961 (10:59)	♊	1930	♑	1986	♑	1951 (09:09)	♎
1962	♎	1931	♉	1987 (12:32)	♑	1952 (08:55)	♓
1964	♋	1932 (16:08)	♒	1988 (14:11)	♊	1953	♋
1965	♏	1933	♒	1989	♎	1954	♏
1966 (19:31)	♈	1934 (17:25)	♋	1990	♒	1955	♓
1968 (11:20)	♑	1935 (12:36)	♏	1991	♊	1956 (21:32)	♍
1969	♉	1936	♓	1992	♒	1957	♉
1970	♍	1937	♌	1993 (17:31)	♈	1958	♍
1972	♊	1938	♐	1994 (16:33)	♌	1959	♒
1973 (06:06)	♏	1939	♈	1995	♐	1960	♒
1974 (01:11)	♓	1940	♍	1996	♉	1961 (17:20)	♋
1975	♋	1941 (07:46)	♒	1997	♍	1962 (11:33)	♏
1976	♐	1942	♊	1998	♑	1963 (06:32)	♓
1977	♈	1943	♎	1999 (07:14)	♊	1964	♌
1978 (21:57)	♍	1944 (07:18)	♓	2000 (08:33)	♏	1965	♐
1979 (07:01)	♑	1945	♋	2001	♓	1966	♈
1980 (07:27)	♊	1946 (16:44)	♐	2002	♋	1967 (21:46)	♍
1981	♎	1947 (13:53)	♈	2003 (22:03)	♐	1968 (12:02)	♒
1982	♏	1948 (19:48)	♑	2004	♈	1969	♊
1983 (22:10)	♋	1949	♑	2005 (19:41)	♍	1970	♎
1984 (22:34)	♐	1950	♉	2006 (10:25)	♑	1971	♒
1985 (01:42)	♈	1951	♍	2007	♉	1972	♋
1986 (02:25)	♐	1952	♒	2008	♎	1973 (16:11)	♐
1987	♐	1953 (05:31)	♋	2009	♒	1974 (12:59)	♈
1988	♉	1954	♏	2010	♊	1975	♌
1989 (21:25)	♎	1955	♓	**24.11.**		1976	♑
1990 (22:07)	♒	1956	♌	1920	♉	1977	♉
1991 (01:22)	♊			1921 (16:31)	♎	1978	♍

Geburtsdatum	Mondzeichen	Geburtsdatum	Mondzeichen	Geburtsdatum	Mondzeichen	Geburtsdatum	Mondzeichen
1979 (11:36)	♒	1944 (09:57)	♈	2001 (11:21)	♈	1966	♉
1980 (08:18)	♒	1945	♐	2002 (02:00)	♌	1967	♍
1981	♏	1946	♐	2003 (21:31)	♑	1968 (15:52)	♓
1982	♓	1947 (21:06)	♉	2004	♉	1969 (08:10)	♋
1983	♋	1948 (22:33)	♎	2005	♍	1970 (03:25)	♏
1984	♐	1949	♒	2006 (16:41)	♒	1971	♓
1985 (14:07)	♉	1950	♊	2007	♊	1972	♌
1986 (13:46)	♍	1951	♎	2008	♏	1973	♐
1987	♑	1952	♓	2009	♓	1974 (22:05)	♉
1988	♊	1953 (11:40)	♌	2010	♋	1975 (02:04)	♍
1989	♎	1954 (08:01)	♐	**26.11.**		1976	♒
1990	♒	1955 (02:47)	♈	1920	♊	1977	♊
1991 (02:25)	♋	1956	♍	1921 (20:37)	♏	1978	♎
1992 (06:01)	♏	1957	♑	1922 (02:39)	♋	1979 (15:17)	♓
1993	♈	1958	♉	1923 (01:28)	♋	1980 (12:23)	♌
1994	♌	1959 (19:41)	♎	1924 (11:38)	♐	1981 (07:00)	♐
1995 (16:48)	♑	1960 (10:49)	♓	1925	♈	1982 (04:07)	♈
1996 (23:20)	♊	1961	♋	1926 (23:36)	♍	1983	♌
1997 (14:29)	♎	1962	♏	1927 (20:01)	♑	1984	♑
1998 (09:43)	♏	1963	♓	1928	♉	1985	♉
1999	♊	1964	♌	1929	♎	1986 (21:59)	♎
2000	♏	1965 (12:45)	♑	1930	♒	1987	♒
2001	♓	1966 (07:37)	♉	1931	♊	1988	♋
2002	♋	1967	♍	1932	♏	1989	♏
2003	♐	1968	♒	1933 (12:13)	♈	1990	♓
2004 (01:16)	♉	1969	♊	1934 (04:54)	♌	1991 (03:37)	♋
2005	♍	1970	♎	1935	♐	1992 (12:38)	♑
2006	♑	1971 (12:48)	♓	1936 (07:29)	♉	1993 (06:14)	♉
2007 (12:29)	♊	1972 (03:12)	♌	1937	♍	1994 (01:09)	♍
2008 (18:54)	♏	1973	♐	1938	♑	1995 (17:15)	♒
2009 (17:07)	♓	1974	♈	1939 (16:09)	♊	1996	♊
2010 (02:14)	♋	1975	♌	1940 (21:44)	♏	1997	♎
25.11.		1976 (19:30)	♒	1941	♓	1998 (17:14)	♓
1920 (21:00)	♊	1977 (11:48)	♊	1942	♋	1999	♋
1921	♎	1978 (09:07)	♎	1943	♏	2000	♐
1922	♒	1979	♒	1944	♈	2001	♈
1923	♊	1980	♋	1945 (06:59)	♍	2002	♌
1924	♋	1981	♏	1946 (05:40)	♑	2003	♐
1925 (06:31)	♈	1982	♓	1947	♉	2004 (11:25)	♉
1926	♌	1983 (01:19)	♌	1948	♎	2005 (07:58)	♎
1927	♐	1984 (01:17)	♑	1949	♒	2006	♒
1928 (02:30)	♉	1985	♉	1950	♊	2007 (12:07)	♋
1929 (20:23)	♎	1986	♍	1951 (14:32)	♏	2008	♏
1930 (08:23)	♒	1987 (14:13)	♒	1952 (12:09)	♈	2009	♓
1931 (04:12)	♊	1988 (18:19)	♏	1953	♌	2010 (07:01)	♌
1932 (17:38)	♏	1989 (10:13)	♏	1954	♐	**27.11.**	
1933	♓	1990 (08:32)	♓	1955	♈	1920 (21:12)	♋
1934	♋	1991	♋	1956	♍	1921	♏
1935 (22:08)	♐	1992	♐	1957 (07:16)	♒	1922	♓
1936	♈	1993	♈	1958 (04:00)	♊	1923	♋
1937	♍	1994	♌	1959	♎	1924	♐
1938	♑	1995	♑	1960	♓	1925 (11:46)	♉
1939	♉	1996	♊	1961	♋	1926	♍
1940	♉	1997	♎	1962 (22:43)	♐	1927	♐
1941 (13:09)	♓	1998	♒	1963 (11:25)	♈	1928 (02:23)	♊
1942 (09:17)	♋	1999 (06:29)	♋	1964 (01:03)	♍	1929	♎
1943 (03:09)	♏	2000 (16:33)	♐	1965	♑	1930 (20:33)	♓

Geburtsdatum/ Mondzeichen		Geburtsdatum/ Mondzeichen		Geburtsdatum/ Mondzeichen		Geburtsdatum/ Mondzeichen	
1931 (13:09)	♋	1988	♋	1953	♍	2010 (10:33)	♍
1932 (16:58)	♐	1989 (22:30)	♐	1954	♑	**29.11.**	
1933	♈	1990 (15:06)	♈	1955	♉	1920 (21:32)	♌
1934	♌	1991	♌	1956	♎	1921 (02:03)	♐
1935	♐	1992	♑	1957 (18:16)	♓	1922	♈
1936	♉	1993	♉	1958 (14:51)	♋	1923	♌
1937 (04:22)	♎	1994	♍	1959	♏	1924	♑
1938 (01:58)	♒	1995	♒	1960	♈	1925 (18:50)	♊
1939	♓	1996 (07:37)	♑	1961	♌	1926 (12:14)	♎
1940	♏	1997 (02:43)	♏	1962	♐	1927 (05:06)	♒
1941 (22:26)	♈	1998	♓	1963 (12:49)	♉	1928 (01:43)	♋
1942 (22:09)	♌	1999 (07:19)	♌	1964 (06:54)	♎	1929	♏
1943 (08:35)	♐	2000	♐	1965 (00:03)	♒	1930	♓
1944 (11:22)	♉	2001 (22:06)	♉	1966	♊	1931 (20:06)	♌
1945	♍	2002 (07:42)	♍	1967	♎	1932 (16:16)	♑
1946	♑	2003 (22:48)	♒	1968 (23:26)	♈	1933	♉
1947	♎	2004	♊	1969 (20:22)	♐	1934	♍
1948	♎	2005	♎	1970 (11:02)	♐	1935	♊
1949 (01:35)	♓	2006 (21:21)	♓	1971	♈	1936	♊
1950 (01:13)	♋	2007	♏	1972	♍	1937 (14:46)	♏
1951	♏	2008 (06:14)	♐	1973	♑	1938 (14:30)	♓
1952	♈	2009 (04:10)	♈	1974	♉	1939	♋
1953 (21:41)	♍	2010	♌	1975 (04:48)	♉	1940	♐
1954 (20:24)	♑	**28.11.**		1976 (01:47)	♓	1941	♈
1955 (06:27)	♉	1920	♋	1977 (00:20)	♋	1942	♌
1956 (01:11)	♒	1921	♏	1978	♏	1943 (11:43)	♑
1957	♒	1922 (15:20)	♈	1979 (18:17)	♈	1944 (12:55)	♊
1958	♊	1923 (12:01)	♌	1980 (20:37)	♍	1945	♎
1959 (22:22)	♏	1924 (10:57)	♑	1981 (19:53)	♑	1946	♒
1960 (15:51)	♈	1925	♉	1982 (09:32)	♉	1947	♊
1961 (03:01)	♌	1926	♍	1983	♍	1948	♏
1962	♐	1927	♑	1984	♒	1949 (13:18)	♈
1963	♈	1928	♊	1985	♊	1950 (13:02)	♌
1964	♍	1929 (03:40)	♏	1986	♎	1951	♐
1965	♑	1930	♓	1987	♓	1952	♉
1966 (17:31)	♌	1931	♋	1988 (01:52)	♌	1953	♍
1967 (01:48)	♎	1932	♐	1989	♐	1954	♑
1968	♓	1933 (21:03)	♉	1990	♈	1955 (07:11)	♊
1969	♍	1934 (17:52)	♍	1991 (06:12)	♍	1956 (06:34)	♏
1970	♏	1935 (05:28)	♑	1992 (22:19)	♒	1957	♓
1971 (16:04)	♈	1936 (07:11)	♊	1993 (17:48)	♊	1958	♐
1972 (08:24)	♍	1937	♎	1994 (06:22)	♎	1959 (22:12)	♐
1973 (04:13)	♑	1938	♒	1995 (19:59)	♓	1960 (23:00)	♉
1974	♉	1939 (21:11)	♋	1996	♋	1961 (15:25)	♍
1975	♍	1940 (22:18)	♐	1997	♏	1962 (08:00)	♑
1976	♒	1941	♈	1998 (21:34)	♈	1963	♉
1977	♊	1942	♌	1999	♌	1964	♎
1978 (16:39)	♏	1943	♐	2000 (02:57)	♐	1965	♒
1979	♓	1944	♉	2001	♉	1966	♊
1980	♌	1945 (17:18)	♎	2002	♍	1967 (03:13)	♏
1981	♐	1946 (18:30)	♒	2003	♒	1968	♐
1982	♈	1947 (00:55)	♊	2004 (23:10)	♋	1969	♌
1983 (04:02)	♍	1948 (01:18)	♏	2005 (17:33)	♏	1970	♐
1984 (07:06)	♍	1949	♓	2006	♓	1971 (17:08)	♑
1985 (03:08)	♊	1950	♋	2007 (14:23)	♌	1972 (17:15)	♎
1986	♎	1951 (16:20)	♐	2008	♐	1973 (17:17)	♒
1987 (16:40)	♓	1952 (15:54)	♉	2009	♈	1974 (03:58)	♊

Geburtsdatum/ Mondzeichen		
1975		♎
1976		♓
1977		♓
1978	(20:23)	♐
1979		♈
1980		♍
1981		♐
1982		♉
1983	(06:57)	♉
1984	(16:33)	♓
1985	(15:23)	♋
1986	(02:13)	♏
1987	(20:36)	♈
1988		♌
1989		♐
1990	(17:37)	♉
1991		♍
1992		♒
1993		♊
1994		♋
1995		♓
1996	(18:30)	♌
1997	(12:28)	♐
1998		♈
1999	(11:11)	♍
2000		♐
2001		♉
2002	(10:54)	♎
2003		♒
2004		♋
2005		♏
2006		♓
2007		♐
2008	(18:48)	♑
2009	(11:34)	♉
2010		♍
30.11.		
1920		♌
1921		♐
1922		♈
1923	(20:19)	♍
1924	(11:25)	♒
1925		♊
1926		♎
1927		♒
1928		♋
1929	(13:08)	♐
1930	(09:06)	♈
1931		♌
1932		♐
1933		♉
1934		♍
1935	(11:00)	♒
1936	(07:40)	♋
1937		♏
1938		♓
1939		♋

Geburtsdatum/ Mondzeichen		
1940	(23:50)	♐
1941	(10:18)	♉
1942	(10:29)	♍
1943		♊
1944		♊
1945		♎
1946		♒
1947	(02:31)	♋
1948	(04:52)	♌
1949		♈
1950		♌
1951	(16:22)	♍
1952	(20:53)	♊
1953	(10:06)	♎
1954	(07:19)	♒
1955		♊
1956		♏
1957		♓
1958	(23:41)	♐
1959		♐
1960		♉
1961		♍
1962		♐
1963	(12:15)	♏
1964	(15:31)	♏
1965	(12:40)	♓
1966	(00:50)	♋
1967		♏
1968		♈
1969		♌
1970	(16:05)	♑
1971		♉
1972		♉
1973		♒
1974		♊
1975	(06:37)	♎
1976	(12:01)	♈
1977	(12:53)	♌
1978		♐
1979	(20:54)	♉
1980		♍
1981		♑
1982	(11:36)	♊
1983		♎
1984		♓
1985		♋
1986		♏
1987		♈
1988	(12:59)	♍
1989	(09:26)	♑
1990		♉
1991	(10:47)	♒
1992		♒
1993		♊
1994	(08:21)	♏
1995		♓
1996		♌

Geburtsdatum/ Mondzeichen		
1997		♐
1998	(22:53)	♉
1999		♍
2000	(15:26)	♒
2001	(06:04)	♊
2002		♎
2003	(03:25)	♓
2004		♋
2005	(23:32)	♐
2006	(00:30)	♈
2007	(20:44)	♍
2008		♑
2009		♉
2010	(13:15)	♎
01.12.		
1920	(23:45)	♍
1921	(09:32)	♑
1922	(04:00)	♉
1923		♍
1924		♒
1925		♒
1926	(23:39)	♏
1927	(11:37)	♓
1928	(02:29)	♐
1929		♐
1930		♈
1931		♈
1932	(17:46)	♒
1933	(07:45)	♊
1934	(05:39)	♒
1935		♒
1936		♋
1937		♏
1938		♓
1939	(00:34)	♌
1940		♑
1941		♉
1942		♍
1943	(14:01)	♒
1944	(16:16)	♋
1945	(05:43)	♏
1946	(05:30)	♓
1947		♐
1948		♐
1949		♈
1950	(22:53)	♍
1951		♑
1952		♊
1953		♎
1954		♒
1955	(06:46)	♏
1956	(13:59)	♐
1957	(06:56)	♈
1958		♌
1959	(21:11)	♑
1960		♉
1961		♍

Geburtsdatum/ Mondzeichen		
1962	(15:26)	♒
1963		♊
1964		♍
1965		♓
1966		♋
1967	(03:10)	♐
1968	(09:58)	♉
1969	(09:14)	♍
1970		♑
1971	(17:25)	♊
1972		♎
1973		♒
1974	(07:22)	♋
1975		♏
1976		♈
1977		♌
1978	(21:44)	♑
1979		♉
1980	(08:13)	♎
1981	(08:09)	♒
1982		♊
1983	(10:40)	♏
1984		♓
1985		♐
1986	(03:08)	♐
1987		♈
1988		♍
1989		♑
1990	(17:23)	♊
1991		♎
1992	(10:23)	♓
1993	(03:17)	♋
1994		♏
1995	(01:51)	♈
1996		♌
1997	(19:38)	♑
1998		♎
1999	(18:29)	♒
2000		♊
2001		♏
2002	(12:15)	♏
2003		♓
2004	(11:50)	♌
2005		♐
2006		♈
2007		♍
2008		♑
2009	(15:23)	♊
2010		♎
02.12.		
1920		♍
1921		♑
1922		♉
1923		♍
1924	(14:38)	♓
1925	(04:19)	♋
1926		♏

Geburtsdatum	Mondzeichen	Geburtsdatum	Mondzeichen	Geburtsdatum	Mondzeichen	Geburtsdatum	Mondzeichen
1927	♓	1984 (04:42)	♈	1949	♉	2006	♉
1928	♌	1985 (01:59)	♌	1950	♍	2007 (07:01)	♎
1929	♐	1986	♐	1951	♒	2008	
1930 (19:32)	♉	1987 (02:06)	♉	1952 (04:09)	♋	2009 (17:00)	♋
1931 (01:16)	♍	1988	♍	1953	♏	2010	♏
1932	♒	1989 (18:42)	♒	1954	♓	04.12.	
1933	♊	1990	♊	1955 (07:07)	♌	1920 (04:50)	♎
1934	♎	1991 (17:33)	♏	1956 (23:36)	♑	1921	♒
1935 (15:03)	♓	1992	♓	1957 (18:48)	♉	1922	♊
1936 (10:43)	♌	1993	♋	1958 (06:18)	♍	1923	♎
1937 (03:05)	♐	1994 (08:13)	♐	1959 (21:35)	♒	1924 (21:10)	♈
1938 (01:02)	♈	1995	♈	1960	♊	1925 (16:13)	♌
1939	♌	1996 (07:11)	♍	1961	♎	1926 (08:32)	♐
1940	♑	1997	♑	1962 (20:53)	♓	1927	♈
1941 (23:00)	♊	1998 (22:30)	♊	1963	♋	1928	♍
1942 (19:55)	♎	1999	♎	1964 (02:24)	♐	1929	♑
1943	♒	2000	♒	1965 (00:22)	♈	1930	♉
1944	♋	2001 (11:30)	♌	1966	♌	1931 (04:44)	♓
1945	♏	2002	♏	1967 (03:25)	♑	1932	♓
1946	♓	2003 (11:56)	♈	1968 (22:06)	♊	1933	♋
1947 (03:30)	♌	2004	♌	1969 (20:17)	♎	1934	♏
1948 (10:16)	♑	2005	♐	1970	♒	1935 (17:53)	♈
1949 (02:22)	♉	2006 (02:26)	♉	1971 (18:51)	♋	1936 (17:31)	♍
1950	♍	2007	♍	1972	♏	1937 (16:07)	♑
1951 (16:45)	♒	2008 (07:45)	♒	1973	♓	1938 (08:01)	♉
1952	♊	2009	♊	1974 (09:31)	♌	1939	♍
1953 (22:30)	♏	2010 (15:43)	♏	1975	♐	1940	♒
1954 (15:38)	♓	03.12.		1976 (00:41)	♉	1941	♊
1955	♋	1920	♍	1977 (00:05)	♍	1942	♎
1956	♐	1921 (19:41)	♒	1978 (22:35)	♒	1943	♓
1957	♈	1922 (14:34)	♊	1979 (00:02)	♊	1944	♌
1958	♌	1923 (01:24)	♎	1980 (21:00)	♏	1945	♐
1959	♑	1924	♓	1981 (18:16)	♓	1946	♈
1960 (08:01)	♊	1925	♋	1982	♋	1947 (05:23)	♍
1961 (04:08)	♎	1926	♏	1983 (15:56)	♐	1948 (18:32)	♒
1962	♒	1927 (15:20)	♍	1984	♈	1949 (14:28)	♊
1963 (11:44)	♋	1928 (06:16)	♍	1985	♌	1950 (05:29)	♎
1964	♏	1929 (00:25)	♑	1986 (02:28)	♑	1951 (19:08)	♓
1965	♓	1930	♉	1987	♉	1952	♋
1966 (06:02)	♌	1931	♍	1988 (01:56)	♎	1953	♏
1967	♐	1932 (23:08)	♓	1989	♒	1954 (20:35)	♈
1968	♉	1933 (19:53)	♋	1990 (16:27)	♏	1955	♌
1969	♍	1934 (14:06)	♏	1991	♏	1956	♉
1970 (19:45)	♒	1935	♓	1992 (22:49)	♈	1957	♍
1971	♊	1936	♌	1993 (10:33)	♐	1958	♒
1972 (04:42)	♏	1937	♐	1994	♐	1959	♒
1973 (05:32)	♓	1938	♈	1995 (10:40)	♉	1960 (18:52)	♋
1974	♋	1939 (03:23)	♍	1996	♍	1961 (14:30)	♏
1975 (08:33)	♐	1940 (04:12)	♒	1997	♑	1962	♓
1976	♈	1941	♊	1998	♊	1963 (13:20)	♌
1977	♌	1942	♎	1999	♎	1964	♐
1978	♑	1943 (16:36)	♓	2000 (04:23)	♓	1965	♈
1979	♉	1944 (22:53)	♌	2001	♋	1966 (09:48)	♍
1980	♎	1945 (18:30)	♐	2002 (12:58)	♐	1967	♑
1981	♒	1946 (13:05)	♈	2003	♈	1968	♊
1982 (11:58)	♋	1947	♌	2004	♌	1969	♎
1983	♏	1948	♑	2005 (02:42)	♑	1970 (22:55)	♓

Geburtsdatum	Mondzeichen	Geburtsdatum	Mondzeichen	Geburtsdatum	Mondzeichen	Geburtsdatum	Mondzeichen
1971	♋	1936	♍	1993 (15:43)	♍	1958	♎
1972 (17:22)	♐	1937	♑	1994	♑	1959 (01:16)	♓
1973 (14:50)	♈	1938	♉	1995 (21:35)	♊	1960	♈
1974	♌	1939 (06:22)	♎	1996	♎	1961 (21:25)	♐
1975 (11:58)	♑	1940 (12:35)	♓	1997	♒	1962 (00:17)	♈
1976	♉	1941 (11:21)	♋	1998	♋	1963 (18:26)	♍
1977	♍	1942 (01:06)	♏	1999	♏	1964	♑
1978	♒	1943 (20:00)	♈	2000 (15:17)	♈	1965	♉
1979	♊	1944	♌	2001	♌	1966 (12:43)	♊
1980	♏	1945	♐	2002 (14:39)	♑	1967	♒
1981	♓	1946 (16:48)	♉	2003	♉	1968 (10:43)	♋
1982 (12:26)	♌	1947	♍	2004	♍	1969 (03:30)	♏
1983	♐	1948	♒	2005 (04:36)	♒	1970	♓
1984 (17:20)	♉	1949	♊	2006	♊	1971	♌
1985 (10:14)	♍	1950	♎	2007 (19:31)	♏	1972	♐
1986	♑	1951	♓	2008	♓	1973 (20:08)	♉
1987 (09:13)	♊	1952 (14:23)	♌	2009 (18:07)	♌	1974	♍
1988	♋	1953 (09:09)	♐	2010	♐	1975 (18:12)	♑
1989	♒	1954	♈	**06.12.**		1976	♊
1990	♋	1955 (09:50)	♍	1920 (12:51)	♏	1977	♎
1991	♏	1956	♑	1921 (08:03)	♓	1978 (00:36)	♓
1992	♈	1957	♉	1922	♈	1979	♋
1993	♌	1958 (10:31)	♎	1923	♏	1980 (08:57)	♐
1994 (07:42)	♑	1959	♒	1924	♈	1981 (00:49)	♈
1995	♉	1960	♋	1925	♌	1982 (14:32)	♍
1996 (19:23)	♎	1961	♏	1926 (14:52)	♑	1983	♑
1997 (00:58)	♒	1962	♓	1927	♉	1984	♉
1998 (22:28)	♋	1963	♌	1928	♎	1985 (15:33)	♎
1999 (04:35)	♏	1964 (14:53)	♑	1929	♒	1986	♒
2000	♓	1965 (09:11)	♉	1930	♊	1987 (18:20)	♍
2001 (15:15)	♌	1966	♍	1931 (06:43)	♏	1988	♏
2002	♐	1967 (05:57)	♒	1932 (08:35)	♈	1989	♓
2003 (23:30)	♉	1968	♊	1933 (08:49)	♐	1990	♌
2004 (00:00)	♍	1969	♎	1934	♉	1991	♐
2005	♑	1970	♓	1935 (20:03)	♉	1992 (09:16)	♉
2006 (04:05)	♊	1971 (23:17)	♌	1936	♍	1993	♍
2007	♎	1972	♐	1937	♑	1994 (08:51)	♒
2008 (19:23)	♓	1973	♈	1938 (11:18)	♊	1995	♊
2009	♋	1974 (11:40)	♍	1939	♎	1996	♎
2010 (18:59)	♐	1975	♑	1940	♓	1997 (05:07)	♓
05.12.		1976 (13:38)	♊	1941	♋	1998	♋
1920	♎	1977 (08:18)	♎	1942	♏	1999 (16:27)	♐
1921	♒	1978	♒	1943	♈	2000	♈
1922 (22:33)	♋	1979 (05:01)	♋	1944 (09:04)	♍	2001 (18:11)	♍
1923 (03:14)	♏	1980	♏	1945 (06:23)	♑	2002	♑
1924	♈	1981	♓	1946	♉	2003	♉
1925	♌	1982	♌	1947 (09:14)	♎	2004 (09:46)	♎
1926	♐	1983 (23:28)	♑	1948	♒	2005	♒
1927 (16:47)	♉	1984	♉	1949	♊	2006 (07:00)	♋
1928 (13:52)	♎	1985	♍	1950 (08:19)	♏	2007	♏
1929 (12:57)	♒	1986 (02:23)	♒	1951	♓	2008	♓
1930 (02:32)	♊	1987	♏	1952	♌	2009	♌
1931	♎	1988 (13:51)	♏	1953	♐	2010	♐
1932	♓	1989 (01:48)	♓	1954 (22:23)	♉	**07.12.**	
1933	♋	1990 (17:00)	♌	1955	♍	1920	♏
1934 (18:53)	♐	1991 (02:32)	♐	1956 (11:16)	♒	1921	♓
1935	♈	1992	♈	1957 (04:00)	♊	1922	♋

Geburtsdatum/ Mondzeichen			Geburtsdatum/ Mondzeichen			Geburtsdatum/ Mondzeichen			Geburtsdatum/ Mondzeichen		
1923	(02:57)	♐	1980		♐	1945	(16:34)	♒	2002		♒
1924	(06:33)	♉	1981		♈	1946		♊	2003		♊
1925	(05:13)	♍	1982		♍	1947	(15:24)	♏	2004	(15:44)	♏
1926		♑	1983		♑	1948		♓	2005		♓
1927	(17:10)	♊	1984	(04:24)	♊	1949		♋	2006	(12:52)	♌
1928		♎	1985		♎	1950	(08:17)	♐	2007	(08:11)	♐
1929		♒	1986	(04:48)	♓	1951		♈	2008		♈
1930	(06:31)	♋	1987		♋	1952	(02:57)	♍	2009		♍
1931		♏	1988	(22:55)	♐	1953		♑	2010		♑
1932		♈	1989	(06:11)	♈	1954	(22:16)	♊	**09.12.**		
1933		♌	1990	(20:39)	♍	1955		♎	1920		♐
1934	(21:09)	♑	1991	(13:41)	♑	1956	(23:57)	♓	1921		♈
1935		♉	1992		♉	1957	(10:16)	♋	1922		♌
1936	(03:55)	♎	1993	(19:03)	♎	1958		♏	1923	(02:31)	♑
1937	(04:40)	♒	1994		♒	1959	(08:59)	♈	1924	(17:52)	♊
1938		♊	1995		♊	1960		♌	1925	(16:52)	♎
1939	(09:57)	♏	1996	(04:39)	♏	1961		♐	1926		♒
1940		♓	1997		♓	1962	(01:59)	♉	1927	(18:11)	♋
1941	(22:43)	♌	1998	(00:55)	♌	1963		♍	1928		♏
1942	(02:34)	♐	1999		♐	1964	(03:57)	♒	1929		♓
1943		♈	2000	(22:27)	♉	1965		♊	1930	(08:53)	♌
1944		♍	2001		♍	1966	(15:18)	♏	1931		♐
1945		♑	2002	(18:54)	♒	1967		♓	1932		♉
1946	(17:30)	♎	2003	(12:26)	♊	1968	(23:02)	♌	1933		♍
1947		♎	2004		♎	1969	(06:43)	♐	1934	(22:34)	♒
1948	(05:46)	♓	2005	(06:44)	♓	1970		♈	1935		♊
1949	(00:31)	♋	2006		♋	1971	(07:40)	♍	1936	(16:28)	♏
1950		♏	2007		♏	1972		♑	1937	(15:21)	♓
1951	(00:18)	♈	2008	(03:44)	♈	1973	(21:58)	♊	1938		♋
1952		♌	2009	(20:05)	♍	1974		♎	1939	(14:32)	♐
1953	(17:33)	♑	2010	(00:16)	♑	1975		♒	1940		♈
1954		♉	**08.12.**			1976	(01:21)	♋	1941		♌
1955	(15:48)	♎	1920	(23:09)	♐	1977		♏	1942	(02:07)	♑
1956		♒	1921	(20:37)	♈	1978	(04:40)	♈	1943		♉
1957		♊	1922	(04:33)	♌	1979		♌	1944		♎
1958	(12:28)	♏	1923		♐	1980	(19:12)	♐	1945		♒
1959		♓	1924		♉	1981	(03:31)	♉	1946	(16:50)	♋
1960	(07:21)	♌	1925		♍	1982	(19:11)	♎	1947		♏
1961		♐	1926	(19:22)	♒	1983	(09:39)	♒	1948	(18:30)	♈
1962		♈	1927		♊	1984		♊	1949	(08:27)	♌
1963		♍	1928	(00:46)	♏	1985	(17:56)	♏	1950		♐
1964		♑	1929	(01:27)	♓	1986		♓	1951	(08:04)	♍
1965	(14:27)	♊	1930		♋	1987		♋	1952		♑
1966		♎	1931	(08:04)	♐	1988		♐	1953	(23:59)	♒
1967	(12:19)	♓	1932	(20:41)	♉	1989		♈	1954		♊
1968		♋	1933	(21:00)	♑	1990		♍	1955		♎
1969		♏	1934		♑	1991		♑	1956		♓
1970	(02:03)	♈	1935	(22:36)	♊	1992	(16:37)	♊	1957		♋
1971		♌	1936		♎	1993		♎	1958	(13:02)	♐
1972	(06:06)	♑	1937		♒	1994	(13:24)	♓	1959		♈
1973		♉	1938	(12:08)	♋	1995	(09:44)	♋	1960	(20:13)	♍
1974	(14:42)	♎	1939		♏	1996		♏	1961	(01:31)	♑
1975		♒	1940	(00:26)	♈	1997	(08:24)	♈	1962		♉
1976		♊	1941		♌	1998		♌	1963	(03:21)	♒
1977	(12:33)	♏	1942		♐	1999		♐	1964		♊
1978		♓	1943	(00:30)	♉	2000		♉	1965	(16:57)	♋
1979	(13:09)	♌	1944	(21:29)	♎	2001	(20:57)	♎	1966		♏

Geburtsdatum / Mondzeichen			Geburtsdatum / Mondzeichen			Geburtsdatum / Mondzeichen			Geburtsdatum / Mondzeichen		
1967	(22:43)	♈	1932		♉	1989		♉	1954		♋
1968		♌	1933		♍	1990	(04:00)	♎	1955		♏
1969		♐	1934		♒	1991	(02:27)	♒	1956	(11:37)	♈
1970	(05:24)	♉	1935		♊	1992	(21:05)	♋	1957		♌
1971		♍	1936		♏	1993		♏	1958	(13:46)	♑
1972	(17:53)	♒	1937		♓	1994	(22:03)	♈	1959		♉
1973		♊	1938	(12:17)	♌	1995	(22:24)	♌	1960		♍
1974	(19:13)	♏	1939		♐	1996		♐	1961	(04:11)	♒
1975	(03:52)	♓	1940	(13:27)	♉	1997	(11:00)	♈	1962		♊
1976		♋	1941	(08:12)	♍	1998		♍	1963	(15:04)	♏
1977	(13:22)	♐	1942		♑	1999		♑	1964		♓
1978		♈	1943	(06:32)	♊	2000	(01:50)	♊	1965	(18:08)	♌
1979		♌	1944		♎	2001		♎	1966		♐
1980		♑	1945		♒	2002	(02:46)	♓	1967		♈
1981		♉	1946		♋	2003	(01:11)	♋	1968	(09:59)	♍
1982		♎	1947	(23:49)	♐	2004	(17:54)	♐	1969		♑
1983		♒	1948		♈	2005		♈	1970	(09:33)	♊
1984	(12:56)	♋	1949		♌	2006	(22:31)	♍	1971		♎
1985		♏	1950	(07:16)	♑	2007	(19:51)	♑	1972		♒
1986	(10:49)	♈	1951		♉	2008		♉	1973		♋
1987	(05:40)	♌	1952	(15:35)	♒	2009		♎	1974		♏
1988		♐	1953		♒	2010		♒	1975	(16:06)	♈
1989	(07:59)	♉	1954	(22:06)	♋	**11.12.**			1976		♌
1990		♍	1955	(00:59)	♏	1920	(10:59)	♑	1977	(12:26)	♑
1991		♑	1956		♓	1921	(06:46)	♉	1978		♉
1992		♊	1957	(14:23)	♌	1922		♍	1979		♍
1993	(21:04)	♏	1958		♐	1923	(04:10)	♒	1980	(03:36)	♒
1994		♓	1959	(19:56)	♉	1924		♊	1981		♊
1995		♋	1960		♍	1925		♎	1982	(02:35)	♏
1996	(09:59)	♐	1961		♑	1926		♓	1983		♓
1997		♈	1962	(03:07)	♊	1927	(21:31)	♌	1984	(19:08)	♌
1998	(07:21)	♍	1963		♎	1928		♐	1985		♐
1999	(05:14)	♑	1964	(16:00)	♓	1929		♈	1986	(20:10)	♉
2000		♉	1965		♋	1930	(11:04)	♍	1987	(18:30)	♍
2001		♎	1966	(18:13)	♐	1931		♑	1988		♑
2002		♒	1967		♈	1932	(09:26)	♏	1989	(08:15)	♊
2003		♊	1968		♌	1933	(06:19)	♎	1990		♎
2004		♏	1969	(07:20)	♑	1934		♒	1991		♒
2005	(10:02)	♓	1970		♉	1935	(02:54)	♋	1992		♋
2006		♌	1971	(19:19)	♎	1936		♏	1993	(22:39)	♐
2007		♐	1972		♒	1937	(22:55)	♈	1994		♈
2008	(07:52)	♉	1973	(21:52)	♋	1938		♌	1995		♌
2009	(23:47)	♎	1974		♏	1939	(20:51)	♑	1996	(12:15)	♑
2010	(08:30)	♒	1975		♓	1940		♉	1997		♉
10.12.			1976	(11:12)	♌	1941		♊	1998	(17:43)	♍
1920		♐	1977		♐	1942	(01:57)	♒	1999	(17:59)	♎
1921		♈	1978	(10:50)	♉	1943		♊	2000		♊
1922	(09:09)	♍	1979	(00:33)	♍	1944	(09:42)	♏	2001	(00:09)	♏
1923		♑	1980		♑	1945	(00:20)	♓	2002		♓
1924		♊	1981	(03:30)	♊	1946	(16:46)	♌	2003		♋
1925		♎	1982		♎	1947		♐	2004		♐
1926	(22:44)	♓	1983	(21:53)	♓	1948		♈	2005	(14:46)	♉
1927		♋	1984		♋	1949	(14:31)	♍	2006		♍
1928	(13:29)	♐	1985	(18:13)	♐	1950		♑	2007		♐
1929	(11:57)	♈	1986		♈	1951	(17:54)	♊	2008	(08:33)	♊
1930		♌	1987		♌	1952		♎	2009		♎
1931	(10:17)	♑	1988	(05:07)	♑	1953		♒	2010	(19:40)	♓

Geburtsdatum/ Mondzeichen		
12.12.		
1920		♉
1921		♊
1922	(12:39)	♎
1923		♒
1924	(06:21)	♋
1925	(01:03)	♏
1926		♓
1927		♌
1928		♐
1929	(18:50)	♉
1930		♍
1931	(15:10)	♒
1932		♊
1933		♎
1934	(00:31)	♓
1935		♋
1936	(05:07)	♐
1937		♈
1938	(13:37)	♍
1939		♐
1940		♉
1941	(14:46)	♎
1942		♒
1943	(14:46)	♋
1944		♏
1945		♓
1946		♌
1947		♐
1948	(06:09)	♉
1949		♍
1950	(07:34)	♒
1951		♊
1952		♎
1953	(04:46)	♓
1954	(23:48)	♌
1955	(12:34)	♐
1956		♈
1957	(17:28)	♍
1958		♐
1959		♉
1960	(07:10)	♎
1961		♒
1962	(05:21)	♋
1963		♏
1964		♓
1965		♌
1966	(22:30)	♐
1967	(11:32)	♉
1968		♍
1969	(07:27)	♒
1970		♊
1971		♎
1972	(03:32)	♓
1973	(21:44)	♌
1974	(01:34)	♐
1975		♈

Geburtsdatum/ Mondzeichen		
1976	(18:55)	♍
1977		♐
1978	(18:54)	♊
1979	(13:29)	♎
1980		♒
1981	(02:40)	♋
1982		♏
1983		♓
1984		♌
1985	(17:59)	♐
1986		♉
1987		♍
1988	(09:25)	♒
1989		♊
1990	(14:28)	♏
1991	(15:19)	♓
1992	(23:47)	♌
1993		♐
1994		♈
1995		♌
1996		♐
1997	(13:35)	♊
1998		♎
1999		♒
2000	(02:49)	♋
2001		♏
2002	(13:58)	♈
2003	(12:40)	♌
2004	(17:42)	♐
2005		♉
2006		♍
2007		♐
2008		♉
2009	(05:31)	♏
2010		♓
13.12.		
1920	(23:39)	♒
1921	(13:07)	♊
1922		♎
1923	(09:35)	♓
1924		♋
1925		♏
1926	(01:33)	♈
1927		♌
1928	(02:29)	♐
1929		♉
1930	(14:05)	♎
1931		♒
1932	(21:28)	♊
1933	(11:27)	♏
1934		♓
1935	(10:07)	♌
1936		♐
1937		♈
1938		♍
1939		♐
1940	(01:08)	♊

Geburtsdatum/ Mondzeichen		
1941		♎
1942	(03:56)	♓
1943		♋
1944	(19:50)	♐
1945	(05:15)	♈
1946	(19:09)	♍
1947	(10:14)	♐
1948		♉
1949	(18:45)	♊
1950		♒
1951		♊
1952	(01:39)	♏
1953		♓
1954		♌
1955		♐
1956	(20:15)	♉
1957		♍
1958	(16:38)	♒
1959	(08:24)	♊
1960		♎
1961	(06:41)	♓
1962		♋
1963		♏
1964	(01:12)	♈
1965	(19:35)	♍
1966		♐
1967		♉
1968	(18:08)	♎
1969		♒
1970	(15:32)	♋
1971	(08:01)	♏
1972		♓
1973		♌
1974		♐
1975		♈
1976		♍
1977	(11:59)	♒
1978		♊
1979		♎
1980	(10:03)	♓
1981		♋
1982	(12:27)	♐
1983	(10:17)	♈
1984	(23:35)	♍
1985		♐
1986		♉
1987		♍
1988		♒
1989	(08:49)	♋
1990		♏
1991		♓
1992		♌
1993		♐
1994	(09:56)	♉
1995	(10:26)	♍
1996	(13:14)	♒
1997		♊

Geburtsdatum/ Mondzeichen		
1998		♎
1999		♒
2000		♋
2001	(04:30)	♐
2002		♈
2003		♌
2004		♐
2005	(20:59)	♊
2006	(11:00)	♎
2007	(06:01)	♒
2008	(07:40)	♋
2009		♏
2010		♓
14.12.		
1920		♒
1921		♊
1922	(15:14)	♏
1923		♓
1924	(19:13)	♌
1925	(05:23)	♐
1926		♈
1927	(04:25)	♍
1928		♐
1929	(21:49)	♊
1930		♎
1931	(23:50)	♓
1932		♏
1933		♏
1934	(03:51)	♈
1935		♐
1936	(16:25)	♉
1937	(02:50)	♉
1938	(17:27)	♎
1939	(05:42)	♒
1940		♊
1941	(17:51)	♏
1942		♓
1943		♋
1944		♐
1945		♈
1946		♍
1947		♐
1948	(14:44)	♊
1949		♎
1950	(11:10)	♓
1951	(05:22)	♋
1952		♏
1953	(08:06)	♈
1954		♌
1955		♐
1956		♉
1957	(20:23)	♎
1958		♒
1959		♊
1960	(14:13)	♏
1961		♓
1962	(10:20)	♌

Geburtsdatum/ Mondzeichen			Geburtsdatum/ Mondzeichen			Geburtsdatum/ Mondzeichen			Geburtsdatum/ Mondzeichen		
1963	(03:53)	♐	1928	(14:36)	♒	1985		♒	1950	(18:58)	♈
1964		♑	1929		♊	1986		♊	1951	(18:05)	♌
1965		♍	1930	(18:19)	♏	1987		♎	1952		♐
1966		♑	1931		♓	1988		♓	1953	(10:22)	♉
1967		♉	1932		♋	1989	(11:41)	♌	1954		♍
1968		♎	1933	(12:49)	♐	1990	(02:44)	♐	1955		♑
1969	(08:56)	♓	1934		♈	1991	(02:07)	♈	1956	(01:06)	♊
1970		♋	1935	(20:33)	♍	1992	(01:56)	♍	1957	(23:35)	♏
1971		♏	1936		♑	1993		♑	1958		♓
1972	(09:59)	♈	1937		♉	1994	(23:00)	♊	1959		♋
1973	(23:21)	♍	1938		♎	1995	(20:09)	♎	1960	(17:07)	♐
1974	(10:04)	♑	1939		♒	1996	(14:44)	♒	1961		♈
1975	(04:39)	♉	1940	(10:20)	♋	1997		♋	1962	(18:59)	♍
1976		♍	1941		♏	1998		♏	1963	(16:21)	♑
1977		♒	1942	(09:04)	♈	1999		♓	1964		♉
1978		♊	1943	(01:37)	♌	2000		♌	1965		♎
1979		♎	1944		♐	2001	(10:48)	♑	1966		♒
1980		♓	1945	(07:30)	♉	2002	(02:43)	♉	1967		♊
1981	(03:08)	♌	1946		♍	2003		♍	1968		♏
1982		♐	1947	(22:15)	♒	2004		♒	1969	(12:56)	♈
1983		♈	1948		♊	2005		♊	1970	(00:21)	♌
1984		♍	1949	(21:13)	♏	2006	(23:42)	♏	1971		♐
1985	(19:15)	♒	1950		♓	2007	(14:15)	♓	1972	(12:59)	♉
1986	(07:41)	♊	1951		♋	2008	(07:22)	♌	1973		♍
1987	(06:40)	♎	1952	(08:00)	♐	2009		♐	1974	(20:48)	♒
1988	(12:53)	♓	1953		♈	2010		♈	1975	(15:12)	♊
1989		♋	1954	(04:54)	♍	**16.12.**			1976		♎
1990		♏	1955	(01:23)	♑	1920	(12:03)	♓	1977		♓
1991		♓	1956		♉	1921		♋	1978		♋
1992	•	♌	1957		♎	1922	(17:28)	♐	1979		♏
1993	(01:06)	♑	1958	(23:12)	♓	1923		♈	1980		♈
1994		♉	1959	(21:00)	♋	1924		♌	1981	(06:38)	♍
1995		♍	1960		♏	1925	(06:59)	♑	1982	(00:15)	♑
1996		♒	1961	(09:44)	♈	1926		♉	1983		♉
1997	(17:25)	♋	1962		♌	1927	(14:55)	♎	1984	(02:52)	♎
1998	(06:16)	♏	1963		♐	1928		♒	1985	(23:50)	♓
1999	(05:18)	♓	1964	(06:33)	♉	1929	(22:05)	♋	1986	(20:09)	♋
2000	(03:09)	♌	1965	(22:33)	♎	1930		♏	1987	(15:41)	♏
2001		♐	1966	(05:19)	♒	1931		♓	1988	(16:03)	♈
2002		♈	1967	(00:18)	♊	1932	(08:13)	♌	1989		♌
2003	(22:07)	♍	1968	(22:31)	♏	1933		♐	1990		♐
2004	(17:10)	♒	1969		♓	1934	(08:56)	♉	1991		♈
2005		♊	1970		♋	1935		♍	1992		♍
2006		♎	1971	(19:37)	♐	1936		♑	1993	(05:51)	♒
2007		♒	1972		♈	1937	(03:42)	♊	1994		♊
2008		♋	1973		♍	1938		♎	1995		♎
2009	(13:25)	♐	1974		♑	1939	(17:14)	♓	1996		♓
2010	(08:14)	♈	1975		♉	1940		♋	1997	(23:58)	♌
15.12.			1976	(00:13)	♎	1941	(18:10)	♐	1998	(18:47)	♐
1920		♒	1977	(14:09)	♓	1942		♈	1999	(13:30)	♈
1921	(16:11)	♋	1978	(04:50)	♋	1943		♌	2000	(04:30)	♍
1922		♏	1979	(01:08)	♏	1944	(03:22)	♑	2001		♑
1923	(19:08)	♈	1980	(14:21)	♈	1945		♉	2002		♉
1924		♌	1981		♌	1946	(01:07)	♎	2003		♍
1925		♐	1982		♐	1947		♒	2004	(18:24)	♓
1926	(04:23)	♉	1983	(20:33)	♉	1948	(20:01)	♋	2005	(05:01)	♋
1927		♍	1984		♍	1949		♏	2006		♏

Geburtsdatum / Mondzeichen		Geburtsdatum / Mondzeichen		Geburtsdatum / Mondzeichen		Geburtsdatum / Mondzeichen	
2007	♓	1972	♉	1937 (03:03)	♋	1994 (11:25)	♋
2008	♌	1973 (03:53)	♎	1938	♏	1995 (02:07)	♏
2009 (23:32)	♑	1974	♒	1939	♓	1996	♈
2010 (19:49)	♉	1975	♊	1940	♌	1997	♌
17.12.		1976 (03:01)	♏	1941 (17:26)	♑	1998	♐
1920	♓	1977 (20:11)	♈	1942	♉	1999 (17:45)	♉
1921 (17:34)	♌	1978 (16:37)	♌	1943	♍	2000 (08:01)	♎
1922	♐	1979 (09:36)	♐	1944 (08:44)	♒	2001	♒
1923	♈	1980 (16:36)	♉	1945	♊	2002	♊
1924 (07:07)	♍	1981	♍	1946 (10:43)	♏	2003	♎
1925	♑	1982	♑	1947 (10:59)	♓	2004 (22:52)	♈
1926 (07:59)	♊	1983	♉	1948 (23:03)	♌	2005 (15:18)	♌
1927	♎	1984	♎	1949	♐	2006 (10:10)	♐
1928	♒	1985	♓	1950	♈	2007	♈
1929	♋	1986	♋	1951	♌	2008	♍
1930 (23:54)	♐	1987	♏	1952	♑	2009	♑
1931 (11:49)	♈	1988	♈	1953 (12:27)	♊	2010	♉
1932	♌	1989 (18:19)	♍	1954	♎	**19.12.**	
1933 (12:08)	♑	1990 (15:35)	♑	1955	♒	1920	♈
1934	♉	1991 (09:10)	♉	1956 (02:52)	♋	1921 (19:02)	♍
1935	♍	1992 (04:33)	♎	1957	♏	1922	♑
1936 (01:42)	♒	1993	♒	1958 (09:45)	♈	1923	♉
1937	♊	1994	♊	1959 (08:58)	♌	1924 (16:15)	♉
1938 (00:13)	♏	1995	♎	1960 (17:16)	♑	1925	♊
1939	♓	1996 (17:55)	♈	1961	♉	1926 (13:20)	♋
1940 (17:16)	♌	1997	♌	1962	♍	1927 (03:31)	♏
1941	♐	1998	♌	1963	♑	1928	♓
1942 (17:16)	♉	1999	♈	1964	♊	1929	♌
1943 (14:22)	♍	2000	♍	1965 (03:40)	♏	1930	♐
1944	♑	2001 (19:43)	♒	1966	♓	1931	♈
1945 (08:03)	♊	2002 (14:43)	♊	1967	♋	1932	♍
1946	♎	2003 (04:46)	♎	1968	♐	1933 (11:37)	♒
1947	♒	2004	♓	1969 (19:35)	♉	1934	♊
1948	♏	2005	♋	1970 (12:04)	♍	1935	♎
1949 (22:32)	♐	2006	♏	1971 (05:07)	♑	1936 (08:43)	♓
1950	♈	2007 (19:52)	♈	1972 (13:24)	♊	1937	♏
1951	♌	2008 (09:36)	♍	1973	♎	1938 (09:31)	♐
1952 (11:17)	♑	2009	♑	1974	♒	1939 (06:03)	♈
1953	♉	2010	♉	1975 (22:49)	♏	1940 (22:35)	♍
1954 (13:51)	♎	**18.12.**		1976	♏	1941	♑
1955 (14:19)	♒	1920 (22:30)	♈	1977	♈	1942	♉
1956	♏	1921	♌	1978	♌	1943	♍
1957	♏	1922 (20:34)	♑	1979	♐	1944	♒
1958	♓	1923 (07:21)	♉	1980	♉	1945 (08:27)	♋
1959	♐	1924	♍	1981 (13:58)	♎	1946	♏
1960	♐	1925 (07:35)	♒	1982 (13:12)	♒	1947	♓
1961 (13:39)	♉	1926	♊	1983 (03:23)	♊	1948	♌
1962	♍	1927	♎	1984 (05:27)	♍	1949 (24:00)	♑
1963	♑	1928 (00:49)	♓	1985	♓	1950 (06:10)	♉
1964 (08:21)	♊	1929 (21:34)	♌	1986	♋	1951 (06:52)	♍
1965	♎	1930	♐	1987 (20:33)	♐	1952 (13:02)	♒
1966 (15:17)	♓	1931	♈	1988 (19:11)	♉	1953	♊
1967 (11:23)	♋	1932 (17:09)	♍	1989	♍	1954	♎
1968 (23:27)	♐	1933	♑	1990	♑	1955	♒
1969	♈	1934 (15:58)	♊	1991	♉	1956	♋
1970	♌	1935 (08:58)	♎	1992	♎	1957 (03:30)	♐
1971	♐	1936	♒	1993 (13:59)	♓	1958	♈

Geburtsdatum	Mondzeichen	Geburtsdatum	Mondzeichen	Geburtsdatum	Mondzeichen	Geburtsdatum	Mondzeichen
1959	♌	1924	♎	1981	♎	1946	♐
1960	♑	1925 (08:51)	♓	1982	♒	1947	♈
1961 (18:47)	♊	1926	♋	1983 (07:02)	♋	1948 (01:19)	♍
1962 (06:41)	♎	1927	♏	1984 (07:58)	♐	1949	♑
1963 (03:29)	♏	1928 (08:15)	♈	1985	♈	1950 (18:49)	♊
1964 (08:02)	♋	1929 (22:22)	♍	1986	♌	1951 (17:41)	♎
1965	♏	1930 (07:11)	♑	1987 (22:08)	♑	1952 (14:45)	♓
1966	♓	1931 (00:45)	♉	1988 (22:43)	♊	1953	♋
1967 (20:21)	♌	1932 (23:32)	♎	1989 (04:45)	♎	1954	♏
1968 (22:32)	♑	1933	♒	1990 (03:59)	♒	1955	♓
1969	♉	1934	♒	1991	♊	1956	♌
1970	♍	1935 (21:03)	♏	1992	♏	1957 (08:47)	♑
1971	♑	1936	♓	1993	♓	1958	♉
1972	♊	1937 (02:48)	♌	1994 (22:13)	♌	1959	♍
1973 (11:44)	♏	1938	♐	1995 (04:13)	♐	1960	♒
1974 (09:12)	♓	1939	♈	1996	♉	1961	♊
1975	♋	1940	♒	1997	♍	1962 (19:18)	♓
1976 (03:54)	♐	1941 (17:53)	♒	1998 (18:39)	♊	1963 (12:28)	♌
1977	♈	1942 (03:46)	♊	1999 (14:12)	♏	1964 (07:31)	♐
1978	♌	1943 (02:55)	♎	2000 (07:09)	♓	1965	♈
1979 (14:55)	♑	1944 (12:39)	♓	2001 (00:30)	♋	1966	♌
1980 (17:39)	♊	1945	♋	2002	♒	1967	♌
1981	♎	1946 (22:48)	♐	2003	♏	1968 (21:59)	♒
1982	♒	1947 (22:37)	♈	2004	♈	1969 (04:28)	♊
1983	♊	1948	♌	2005	♌	1970 (01:01)	♎
1984	♈	1949	♑	2006 (17:39)	♑	1971	♒
1985 (08:37)	♈	1950	♉	2007	♉	1972	♋
1986 (08:44)	♌	1951	♍	2008	♎	1973 (22:20)	♐
1987	♐	1952	♒	2009	♒	1974 (21:35)	♈
1988	♉	1953 (15:40)	♋	2010	♊	1975 (03:53)	♌
1989	♍	1954 (01:43)	♏	**21.12.**		1976 (04:12)	♑
1990	♑	1955 (02:02)	♓	1920 (05:22)	♉	1977	♉
1991 (12:21)	♐	1956 (03:11)	♌	1921 (21:52)	♎	1978	♍
1992 (08:20)	♏	1957	♐	1922 (02:08)	♒	1979 (18:12)	♒
1993	♓	1958 (22:38)	♉	1923	♊	1980 (19:03)	♋
1994	♋	1959 (19:29)	♒	1924 (21:26)	♓	1981 (00:39)	♏
1995	♏	1960 (16:49)	♒	1925	♓	1982 (01:56)	♓
1996 (23:10)	♉	1961	♊	1926 (21:17)	♌	1983	♋
1997 (10:00)	♍	1962	♎	1927 (15:59)	♐	1984	♐
1998 (05:55)	♑	1963	♒	1928	♈	1985 (20:41)	♉
1999	♉	1964	♋	1929	♍	1986 (20:30)	♍
2000	♎	1965 (11:01)	♐	1930	♑	1987	♑
2001	♒	1966 (03:39)	♈	1931	♉	1988	♊
2002	♊	1967	♌	1932	♎	1989	♎
2003 (08:20)	♏	1968	♑	1933 (13:15)	♓	1990	♒
2004	♈	1969	♉	1934 (01:11)	♋	1991 (12:55)	♋
2005	♌	1970	♍	1935	♏	1992 (13:42)	♐
2006	♐	1971 (12:32)	♋	1936 (13:26)	♈	1993 (01:19)	♈
2007 (22:38)	♉	1972 (12:57)	♋	1937	♌	1994	♌
2008 (15:23)	♎	1973	♏	1938 (20:39)	♑	1995	♐
2009 (11:39)	♒	1974	♓	1939 (17:32)	♉	1996	♉
2010 (04:37)	♊	1975	♋	1940	♍	1997 (22:35)	♎
20.12.		1976	♐	1941	♒	1998 (15:17)	♒
1920	♈	1977 (05:54)	♉	1942	♊	1999	♊
1921	♍	1978 (05:34)	♍	1943	♎	2000	♏
1922	♑	1979	♑	1944	♓	2001	♓
1923 (20:03)	♊	1980	♊	1945 (10:30)	♌	2002	♋

Geburtsdatum/ Mondzeichen			Geburtsdatum/ Mondzeichen			Geburtsdatum/ Mondzeichen			Geburtsdatum/ Mondzeichen		
2003	(09:16)	♐	1930	(16:43)	♒	1950		♊	1975		♌
2004	(06:52)	♉	1931	(11:59)	♊	1951		♎	1977	(17:51)	♊
2005	(03:39)	♍	1932		♎	1953	(21:23)	♌	1978	(17:40)	♎
2006		♑	1933		♓	1954	(14:35)	♐	1979		♒
2007	(23:14)	♊	1934		♋	1955	(11:05)	♈	1982		♓
2008		♎	1935		♏	1957		♑	1983	(08:44)	♌
2009		♒	1936		♈	1958		♉	1986		♍
2010	(10:22)	♋	1937	(04:57)	♍	1959		♍	1987	(22:20)	♒
22.12.			1938		♑	1961	(01:50)	♋	1990	(14:48)	♓
1920		♉	1939		♉	1962		♏	1991		♋
1921		♎	1940	(02:37)	♎	1963		♓	1994		♌
1922		♒	1941	(21:33)	♓	1965	(20:27)	♑	1995	(03:46)	♑
1923		♊	1942	(15:46)	♋	1966	(16:07)	♉	1998		♒
1924		♏	1943	(12:46)	♏	1967	(03:21)	♍	1999	(17:52)	♋
1925	(11:57)	♈	1944	(15:42)	♈	1969		♊	2002	(07:48)	♌
1926		♌	1945		♌	1970		♎	2003		♐
1927		♐	1946		♐	1971	(18:10)	♓	2006	(22:49)	♒
1928	(12:25)	♉	1947		♈	1973		♐	2007		♊
1929		♍	1949	(03:24)	♒	1974		♈	2010		♋

Wie Sie mehr über Ihr Horoskop erfahren können

Der Unterschied zwischen dem, was ein Buch über Tierkreiszeichen an individueller Deutung leisten kann, und der Interpretation Ihres persönlichen Horoskops ist wesentlich größer als der zwischen einem Anzug von der Stange und einem maßgefertigten Kleidungsstück.

Wenn Sie mehr darüber erfahren wollen, was die Gestirne über Ihr individuelles Schicksal aussagen, benötigen Sie zunächst einmal ein genau berechnetes Horoskop. Wer einen Computer hat oder jemanden kennt, der einen besitzt, hat es leicht: Es gibt eine Vielzahl von Astrologieprogrammen, die für jeden Geschmack und jeden Geldbeutel etwas bieten. Wenn Sie bereits einen Horoskopausdruck haben, können Sie sich mit Hilfe astrologischer Lehrbücher an eine genauere Interpretation herantasten. Es existieren außerdem Astrologieschulen, die Sie in der Horoskopdeutung unterrichten können. Schließlich gibt es Firmen, die Horoskopberechnungen und Computerdeutungen anbieten. *Astrologieprogramme*

Leider ist auch in der Astrologie nicht alles Gold, was glänzt. Neben seriösen Astrologen, die Ihnen eine echte Lebenshilfe geben können, tummeln sich auf dem Gebiet auch viele Scharlatane. Das gleiche gilt sinngemäß natürlich für Bücher, Computerprogramme und Deutungen. *Vorsicht vor Scharlatanen*

Wenn Sie in dieser Hinsicht Hilfestellung und unverbindliche Informationen wünschen, können Sie sich gern direkt an den Autor wenden. Die Adresse finden Sie auf Seite 8.

Bitte legen Sie einen adressierten DIN-A4-Um-
schlag und DM 5,– in Briefmarken bei, und
verwenden Sie das *Stichwort »Astro-Info«*. Sie
erhalten dann eine umfangreiche Liste mit
unseren persönlichen Empfehlungen zu allen
Bereichen der Astrologie. Ihre Adresse wird
von uns nicht gespeichert und auch nicht an
andere weitergegeben.

Wenn Sie eine schriftliche Horoskopdeutung nach der Methode des Autors möchten,
ohne daß Sie sich selbst mit Computerberech-
nungen auseinandersetzen müssen, können
Sie hierzu kostenlos und unverbindlich Informationsmaterial unter der Adresse des Autors
anfordern *(Stichwort »Querverbindungen«)*.

Die Deutung und Bedeutung des Aszendenten

Wie bereits im Einleitungskapitel dargestellt, besteht ein Horoskop aus vielen verschiedenen Deutungselementen, von denen das Tierkreiszeichen zwar das bekannteste, aber eben nur eines von vielen ist. Das Tierkreiszeichen eines Menschen ist wie gesagt nichts anderes als die Position der Sonne im Tierkreis (= Zodiakus) zum Zeitpunkt der Geburt. Da unser Kalender ebenfalls mit dem Sonnenlauf – von der Erde aus gesehen – korrespondiert, läßt sich anhand des Geburtsdatums recht genau bestimmen, welches Tierkreiszeichen zu einem gehört. Dies ist sicherlich der Hauptgrund, warum die Sonnenzeichen so populär wurden.

Sonnen-zeichen

Der wohl wichtigste Einzelfaktor für ein wirklich persönliches Horoskop ist aber der Aszendent. Der Begriff kommt von dem lateinischen Wort *ascendere,* was soviel wie »aufsteigen« bedeutet. Mit dem Aszendenten ist der Abschnitt des Zodiakus gemeint, der im Augenblick der Geburt in östlicher Richtung am Horizont aufgeht. Der Aszendent ist außerdem identisch mit der Spitze – also dem Anfang – des ersten Hauses. Da der Aszendent etwa alle vier Minuten seine Position ändert, müssen Geburtsort und die genaue Geburtszeit bekannt sein, um ihn bestimmen zu können. Wenn Sie Ihre Geburtszeit kennen, steht der Berechnung des Aszendenten nichts im Wege. Falls sie Ihnen nicht bekannt ist, können Sie sie wie gesagt beim Standesamt Ihres Geburtsortes erfahren. Bei den meisten Standesämtern wird eine schriftliche Anfrage mit frankiertem Rückumschlag

Geburtsort

umgehend bearbeitet, manche verlangen allerdings eine Gebühr. Telefonisch erhalten Sie
wegen des Datenschutzes nur selten Auskunft.

Im nachfolgenden Abschnitt wird beschrie-
ben, wie Sie den Aszendenten einfach feststellen können. Dank eines neuen Verfahrens ist
dies erstmals ohne komplizierte Berechnun-
gen und absolut zuverlässig möglich.

Wie ist der Aszendent zu deuten? Verein-
facht gesagt, gibt der Aszendent Auskunft darüber, wer wir sind, während das Sonnenzeichen beschreibt, wie wir uns verhalten. Wenn
wir den Menschen mit einem Auto vergleichen,
dann würde der Aszendent uns verraten, um
was für ein Gefährt es sich handelt, während
das Tierkreiszeichen – also die Position der
Sonne – uns Aufschluß darüber gibt, wie es behandelt und gefahren wird. Dies zeigt auch
schon, daß die oft gestellte Frage, was denn
nun wichtiger sei, der Aszendent oder das Tierkreiszeichen, im Grunde unsinnig ist. Handeln
Körper- (Sonne) setzt Körperlichkeit (Aszendent) vor-
lichkeit aus. Eine Veranlagung (Aszendent), die nicht
gelebt wird (Sonne), ist bedeutungslos.

Wie können Sie nun Näheres zur Interpretation Ihres Aszendenten erfahren? Hier gibt es
mehrere Wege. Der einfachste ist natürlich,
sich ein spezielles Buch zu diesem Thema zu
besorgen und unter dem entsprechenden Kapitel nachzuschlagen. Vielleicht kennen Sie auch
jemanden, der sich intensiver mit Astrologie
beschäftigt und Ihnen persönlich Auskünfte
über die Bedeutung Ihres Aszendenten und
Ihres Sonnenzeichens geben kann. Falls Sie ein
Tierkreiszeichen-Buch (zum Beispiel aus dieser
Reihe) Ihres Aszendenten-Zeichens besitzen,

können Sie auch das lesen und dabei im Hinterkopf behalten, daß es sich hier weniger um Ihr tatsächliches Verhalten, sondern um Ihre Charakteranlagen handelt. Da sich allerdings unsere Anlagen und unser Verhalten ständig wechselseitig beeinflussen, erzielen Sie schon gute Ergebnisse, wenn Sie sich selbst einfach als eine »Mischung« beider Zeichen betrachten.

Charakter-anlagen

Falls Sie feststellen sollten, daß bei Ihnen Sonne und Aszendent im gleichen Tierkreiszeichen stehen, müssen Sie natürlich kein weiteres Buch zu Rate ziehen. Für Sie sollten dann die in diesem Band gemachten Aussagen in besonderem Maße zutreffen.

Die Bestimmung des Aszendenten

Die Verwendung der nachfolgenden Aszendentengrafik ist denkbar einfach: Die Skala am linken Rand (C) gibt das Datum an, die Skala am rechten Rand (A) die Uhrzeit. Markieren Sie Ihr Geburtsdatum und Ihre Geburtszeit, nehmen Sie ein Lineal und verbinden Sie beides mit einem Strich – fertig! Das Tierkreiszeichen (B) in der Mitte der Grafik, das von Ihrer Linie gekreuzt wird, ist Ihr Aszendent. Wichtige Hinweise: Die Grafik bezieht sich auf mitteleuropäische Zeit. Falls bei Ihrer Geburt die Sommerzeit galt, müssen Sie eine Stunde abziehen. Eine Sommerzeitentabelle finden Sie im Anhang dieses Buches. Die Aszendentengrafik funktioniert nur dann, wenn Sie in Deutschland geboren sind. Ohne eine wirklich genaue Geburtszeitangabe ist kein zuverlässiges Ergebnis zu erzielen.

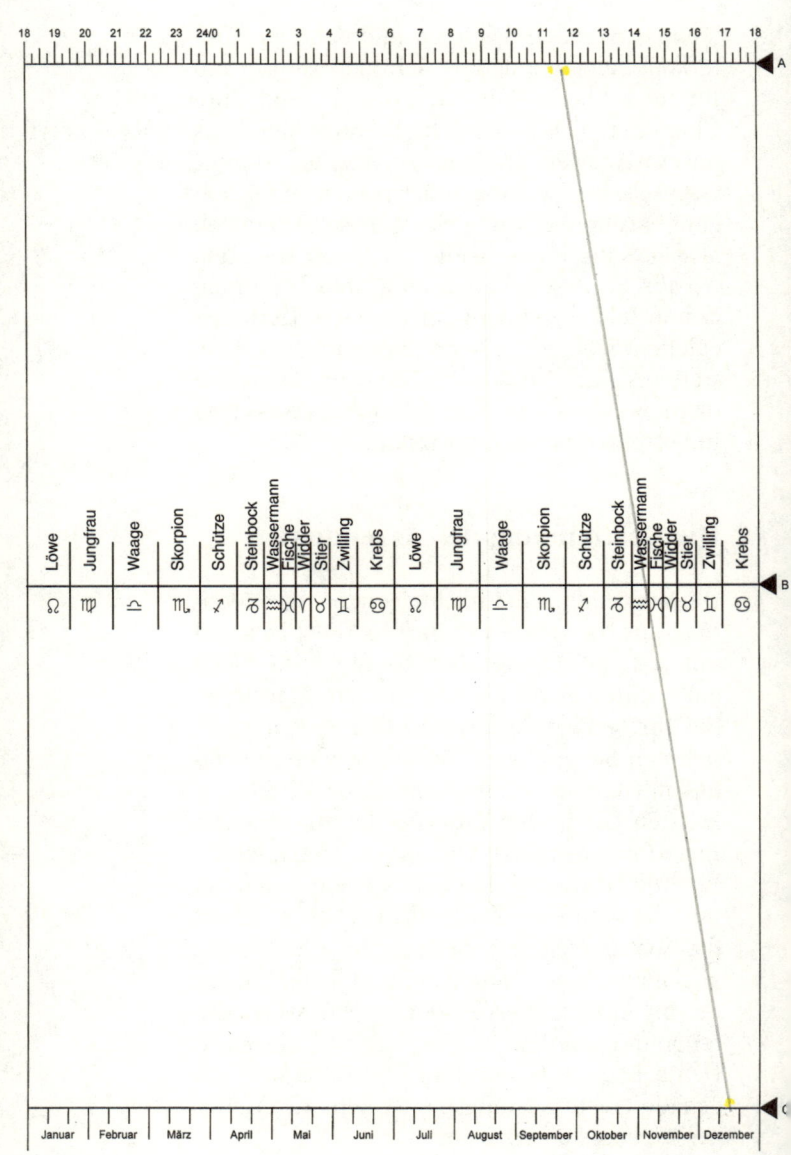

| 18 | 19 | 20 | 21 | 22 | 23 | 24/0 | 1 | 2 | 3 | 4 | 5 | 6 | 7 | 8 | 9 | 10 | 11 | 12 | 13 | 14 | 15 | 16 | 17 | 18 | ◀ A |

| Löwe | Jungfrau | Waage | Skorpion | Schütze | Steinbock | Wassermann | Fische | Widder | Stier | Zwilling | Krebs | Löwe | Jungfrau | Waage | Skorpion | Schütze | Steinbock | Wassermann | Fische | Widder | Stier | Zwilling | Krebs |

| ♌ | ♍ | ♎ | ♏ | ♐ | ♑ | ♒ | ♓ | ♈ | ♉ | ♊ | ♋ | ♌ | ♍ | ♎ | ♏ | ♐ | ♑ | ♒ | ♓ | ♈ | ♉ | ♊ | ♋ | ◀ B |

| Januar | Februar | März | April | Mai | Juni | Juli | August | September | Oktober | November | Dezember | ◀ C |

Literatur

Brigitte Hamann: Die zwölf Archetyen. München 1991.

Michael Roscher: Astrologische Aspektlehre. München 1997.

Michael Roscher: Das Astrologiebuch. München 1989.

Michael Roscher: Der Mond. München 1997.

Michael Roscher: Kritische Grade im Radix. Selbstverlag 1995.*

Michael Roscher: Kritische Grade in der Prognose. Selbstverlag 1995.*

* zu beziehen bei:
  Buchhandlung Licht und Schatten
  Ehrenstraße 18–26
  D–50672 Köln
  Tel. 02 21/25 43 40, Fax 02 21/25 42 02

Bildnachweis

Seite 23: Johfra: Astrologie. Tierkreiszeichen. © 1998 Johfra/Verkerke Reprodukties NV – all rights reserved –. Mit freundlicher Genehmigung.

Seite 25, 26: Udo Becker (Hrsg.): Lexikon der Astrologie. Herder/Spektrum Bd. 4596. Freiburg 2. Auflage 1997. Mit freundlicher Genehmigung des Verlags Herder.

Seite 30: Nicholas Campion: Der praktische Astrologe. Hamburg 1988.

Seite 32: Abbildung aus dem Tarot Arcus Arcanum mit Erlaubnis der Firma AGM AGMüller, Neuhausen/Schweiz. © 1987 AGM. Weitere Reproduktion nicht gestattet.

Seite 41: Wolfgang Bauer/Irmtraud Dümotz/Sergius Golowin: Lexikon der Symbole. München 1987.

Seite 72: Darstellung des Schützen im »Tractatus sphaera«.

Seite 111: Giuseppe Maria Sesti: Die Geheimnisse des Himmels. Geschichte und Mythos der Sternbilder. Köln 1991. Mit freundlicher Genehmigung der Editrice Novecento.

Seite 119: Hans Biedermann: Handlexikon der magischen Künste. Graz 1976. Mit freundlicher Genehmigung der Akademischen Druck- und Verlagsanstalt.

Seite 124: L. Frobenius/H. Obermaier: Hadschra Maktouba, München o. J.

Seite 133: Illustration aus dem Tarotkartenspiel Rider Waite®, auch bekannt als Rider Tarot und Waite Tarot. Mit freundlicher Genehmigung von U.S. Games Systems, Inc., Stamford, CT 06902 USA. Copyright © 1971 U.S. Games Systems, Inc. Weitere Reproduktion nicht gestattet. Das Tarotkartenspiel Rider-Waite® ist ein eingetragenes Warenzeichen für U.S. Games Systems, Inc.

Seite 152: Sachs/Badstübner/Neumann: Christliche Ikonographie in Stichworten. München 1975. Mit freundlicher Genehmigung des Kösel Verlags.

Das Märchen »Etwas Wundervolles« auf S. 155 ff. wurde folgendem Band entnommen: Ruth Manning-Sanders: Märchen und Sagen aus aller Welt. Rastatt 1980.